내가 사랑한 시편

Favourite Psalms
Selected and expounded by John Stott
Copyright © 1998 Lion Hudson plc/Three's Company
Original edition published in English under the title *Favourite Psalms*
by Lion Hudson plc, Oxford, Engalnd.

All rights reserved.

This Korean Edition Copyright © 2012 by Poiema,
a division of Gimm-Young Publishers, Inc., Seoul, Republic of Korea
This Korean edition is translated and used by arrangement of Lion Hudson plc/Three's
Company through rMaeng2, Seoul, Republic of Korea.

# JOHN STOTT
Favourite Psalms

# 내가 사랑한 시편

|

존 스토트
김성웅 옮김

포이에마
POIEMA

### 내가 사랑한 시편

존 스토트 지음 | 김성웅 옮김

**1판 1쇄 발행** 2012. 8. 27. | **1판 5쇄 발행** 2022. 4. 10. | **발행처** 포이에마 | **발행인** 고세규 | **등록번호** 제 300-2006-190호 | **등록일자** 2006. 10. 16. | 서울특별시 종로구 북촌로 63-3 우편번호 03052 | 마케팅부 02)3668-3260, 편집부 02)730-8648, 팩스 02)745-4827

본 저작물의 한국어판 저작권은 알맹2 에이전시를 통하여 Lion Hudson plc/Three's Company와 독점 계약한 포이에마에 있습니다. 신 저작권법에 의해 한국 내에서 보호받는 저작물이므로 무단 전재와 무단 복제를 금합니다.

값은 뒤표지에 있습니다. ISBN 978-89-97760-09-1 03230 | 이메일 masterpiece@poiema.co.kr | 좋은 독자가 좋은 책을 만듭니다. | 포이에마는 독자 여러분의 의견에 항상 귀를 기울이고 있습니다.

• 본문 사진 ⓒ 이남수

여호와는 위대하시니 크게 찬양할 것이라. 그의 위대하심을 측량하지 못하리로다.
대대로 주께서 행하시는 일을 크게 찬양하며 주의 능한 일을 선포하리로다.
주의 존귀하고 영광스러운 위엄과 주의 기이한 일들을 나는 작은 소리로 읊조리이다.

-

시 145:3-5

머
리
말
—

그리스도인들이 노래하지 못하도록 막는다는 것은 불가능하다. 성령 충만의 분명한 표지 가운데 하나는 우리의 "마음으로 주께 노래하며 찬송하"는(엡 5:18-19) 것이다. 특히 우리가 예배하기 위해 모일 때, 우리의 찬송은 노래 없이는 올려지지 않는다. 그리고 우리는 서로를 향해서 이렇게 말한다. "오라 우리가 여호와께 노래하며 우리의 구원의 반석을 향하여 즐거이 외치자"(시 95:1).

세대마다 새로운 찬송가들이 만들어져 선을 보인다. 그러나 교회의 가장 오랜 찬송책, 시편은 결코 그 빛이 바래지 않는다.

예수님 자신이 시편을 사랑하셔서 자주 인용하셨다. 그런가 하면 그중 일부를 자신에게 적용하기도 하셨다. 말씀하시기를, 자신이 다윗의 자손이고 주라 하셨고(시 110편), 건축자들의 머릿돌이 된 버려진 돌이라고도 하셨다(시 118편). 한편 자신이 시편 22편, 31편, 41편 그리고 59편 등에 나오는 무죄한 희생자가 겪는 고난을 겪고 있다고도 하셨다.

  그리스도인들이 시편에 끌리는 이유는, 시편이 인간 영혼의 보편적 언어를 말하고 있기 때문이다. 롤런드 프로시로Rowland E. Prothero는 《인간의 삶과 시편The Psalms in Human Life》(1904)에서 이렇게 쓰고 있다. "시편은 인간 심장에서 울려나오는 모든 음조들을 담고 있다." 우리의 영적인 형편이 어떻든 간에, 승리 혹은 패배, 흥분 혹은 침울, 기쁨 혹은 슬픔, 찬미 혹은 참회, 경이 혹은 분노를 망라하여 이러한 형편을 반영하는 시편은 반드시 있다. 시편은 창조주요, 보존하시는 분이요, 왕이요, 입법자요, 구원자요, 아버지요, 목자요, 재판관이신 살아 계신 하나님의 위대하심을 선포한다. 시편을 통해 우리가 하나님을 더 잘 알게 될수록 우리는 엎드려 그분을 경배하게 될 것이다.

  1966년에 〈기도서 강해〉 시리즈의 한 권으로 《찬송과 시편 선집The Canticle and Selected Psalms》이라는 책이 호더앤스토튼Hodder and Stoughton 출판사에서 출간되었는데, 절판된 지 오래되었다. 이 책에 나오는 강해 중 일부를 현대에 맞게 고쳐 재출간하자는 제안을 해준 팀 다울리Tim Dowley 씨에게 감사를 드린다. 덕분에 화보를 곁들인 멋진 책이 탄생했다.

1988년 2월

존 스토트

여호와는 나의 빛이요 나의 구원이시니 내가 누구를 두려워하리요.
여호와는 내 생명의 능력이시니 내가 누구를 무서워하리요. _시 27:1

머리말 • 6

| | | |
|---|---|---|
| 시편 1편 / 의인과 악인의 길 • 12 | | 시편 22편 / 그리스도의 고난과 영광 • 45 |
| 시편 8편 / 인간이란 무엇인가? • 18 | | 시편 23편 / 여호와는 나의 목자 • 54 |
| 시편 15편 / 주의 장막에 머무를 자 • 25 | | 시편 24편 / 여호와의 산에 오름 • 59 |
| 시편 16편 / 현재의 믿음과 미래의 희망 • 31 | | 시편 27편 / 여호와를 기다릴지어다 • 64 |
| 시편 19편 / 하나님의 자기 계시 • 38 | | 시편 29편 / 여호와의 소리 • 72 |

| 시편 32편 | 하나님의 용서와 인도 • 78
| 시편 34편 | 하나님 자랑 • 86
| 시편 40편 | 수렁에서 건지시는 하나님 • 94
| 시편 42, 43편 | 영적 침체의 원인과 치료 • 100
| 시편 46편 | 하나님이 우리와 함께하신다 • 109
| 시편 51편 | 뉘우치는 자를 향한 하나님의 자비 • 116
| 시편 67편 | 민족들에게 주시는 복 • 124

| 시편 73편 | 악인의 형통 • 130
| 시편 84편 | 여호와의 궁정 • 138
| 시편 90편 | 덧없는 인생의 꿈 • 147
| 시편 91편 | 지극히 높으신 이의 보호 • 152
| 시편 95편 | 노래하며 경청하라 • 158
| 시편 98편 | 구원의 왕 여호와 • 166
| 시편 100편 | 여호와는 선하신 하나님이시다 • 172

| 시편 103편 | 하나님이 베푸시는 은택 • 179
| 시편 104편 | 자연에 나타난 하나님의 솜씨 • 186
| 시편 121편 | 우리의 보호자 여호와 • 196
| 시편 122편 | 예루살렘의 평화 • 199
| 시편 123편 | 믿음의 눈을 들라 • 202
| 시편 125편 | 시온 산과 주변의 산들 • 205
| 시편 127편 | 축복받지 못한 노동은 헛되다 • 208

| 시편 130편 | 내가 깊은 곳에서 • 211
| 시편 131편 | 아이와 같은 겸손 • 215
| 시편 133편 | 형제의 하나됨 • 218
| 시편 139편 | 모든 것을 꿰뚫어 보시는 하나님의 눈 • 220
| 시편 145편 | 하나님의 나라를 드높임 • 227
| 시편 150편 | 마지막 송영 • 234

옮긴이의 말 • 238

# PSALM 1
**시편 1편**
## 의인과 악인의 길
―

1 복 있는 사람은 악인들의 꾀를 따르지 아니하며 죄인들의 길에 서지 아니하며 오만한 자들의 자리에 앉지 아니하고
2 오직 여호와의 율법을 즐거워하여 그의 율법을 주야로 묵상하는도다.
3 그는 시냇가에 심은 나무가 철을 따라 열매를 맺으며 그 잎사귀가 마르지 아니함 같으니 그가 하는 모든 일이 다 형통하리로다.
4 악인들은 그렇지 아니함이여 오직 바람에 나는 겨와 같도다.
5 그러므로 악인들은 심판을 견디지 못하며 죄인들이 의인들의 모임에 들지 못하리로다.
6 무릇 의인들의 길은 여호와께서 인정하시나 악인들의 길은 망하리로다.

히에로니무스Hieronymus는 시편 1편을 '성령께서 쓰신 서문'이라고 하는 어떤 사람들의 의견을 인용했다. 참으로 적절한 소개이다. 이 시편에서는 두 가지 주제가 도드라지게 나타나고 있다. 물론 이 두 주제는 다른 시편들에서도 다시 나타난다.

첫 번째 주제는 의인과 악인에 대한 뚜렷한 구분이다. 성경 전체, 그리고 특별히 지혜문학은 인간을 이 두 가지 절대적인 범주로 나눈다. 세 번째 부류는 없다. 시편 32편, 36편 그리고 112편 역시 의인과 악인을 비교하고 대조한다.

두 번째 주제는 인간의 현재적 형통과 궁극적인 운명에 관한 것이다. 시편 1편의 처음과 마지막 단어는 선택의 길을 보여준다. 복 있는 자는 하나님의 율법을 즐거워한다. 반면 경건치 않은 자는 망할 것이다. 이 '축복'과 '저주'의 과정은, 이 시편을 깊이 묵상한 것으로 보이는 예레미야에게도 나타나는데(렘 17:5-8), 이생의 삶에서도 이미 선명하게 나타난다.

시편 1편의 시인은 이 두 주제를 다루면서 예수께서 가르치신 내용, 즉 사람이 멸망으로 이끄는 넓은 길 아니면, 생명으로 이끄는 좁은 길을 걸으리라는 말씀을 내다보고 있다(마 7:13-14).

### 의인의 번영 (1-3절)

　의로운 사람은 먼저 소극적으로 묘사된 후, 그다음에는 적극적으로 그려진다. 그는 악인들의 꾀를 따르지 아니하며 죄인들의 길에 서지 아니하며 오만한 자들의 자리에 앉지 아니한다. 이 표현은 세 종류의 병행구들로 면밀하게 짜여 있다. 즉 '따르다, 서다, 앉다', '꾀, 길, 자리' 그리고 '악인, 죄인, 오만한 자들' 이 그것이다. 나아가 일종의 점강법漸降法이 적용된다. 경건한 자들은 악한 자들의 충고를 따라 행동하지 않는다. 나아가서, 경건한 자들은 결심하고 악을 행하는 무리의 곁을 기웃거리지 않는다. 대놓고 하나님을 비웃는 냉소주의자들 가운데 내내 섞여 지내는 일은 더욱 없다.

　경건한 자들은 저러한 사람들에게 이끌리지 않고 여호와의 율법을 자신들의 규범으로 삼는다(2절). 이 율법(토라)은 십계명만을 말하거나 모세 율법의 모든 규례들과 규정들을 말하는 것이 아니라, 인생의 나침반이 되는 하나님의 모든 계시를 말한다. 모세와 선지자들을 통해서 주어졌지만 여호와의 율법은 '하나님의 말씀'에 정확히 부합하는 말이다.

　여호와의 율법은 의로운 사람의 기쁨이다. 이 기쁨은 신생의 척도이다. 왜냐하면 "육신의 생각은 … 하나님의 법에 굴복하지 아니할 뿐 아니라 할 수도 없음이라"(롬 8:7)고 하셨기 때문이다. 성령께서 내면에서 이루시는 역사, 즉 다시 나게 하시는 역사의 결과로, 경건한 자들은 하나님의 율법을 사랑하게 된다. 그것은 하나님의 율법이 그들이 섬기는 하나님의 뜻을 전달하고 있기 때문이다. 그들은 율법의 명확한 요구들을 거슬러 행하지 않는다. 그들의 전 존재는 율법을 입증하고 보증한다(시 19편, 40:8, 112:1, 119편

**통곡의 벽 앞 광장에서
성경을 읽고 있는 유대인**
이마에 성구함을 달고 팔에는
성구함이 매달린 가죽 띠를 감은
전형적인 모습이다.

을 보라). 경건한 자들은 율법을 즐거워하는 가운데 주야로 율법을 묵상, 혹은 정독한다.

  오래된 라틴어 성경역본의 저자인 히에로니무스는 시편 1편을 애송했다고 한다. 그는 자신의 인생을 통해서 주야 묵상의 모범이 되었다. 그는 먼저는 사막에서, 후에는 전승으로 알려진 베들레헴 예수 나신 곳 근처의 작은 동굴에서 거의 35년간 성경을 쉬지 않고 연구하였다. 실제로 모든 그리스도인들은 시인의 경험을 일부 나누고 있다. 그리스도인들에게 매일의 성경 묵상은 끝나지 않는 기쁨이다.

  그렇다. 이것이 의로운 자들의 특성이다. 매일의 행위와 관련한 지침을 얻기 위하여 그들은 여론이나 경건함이 없는 세상의 믿을 수 없는 추세가 아니라 하나님의 계시된 말씀을 구한다. 그리고 그 안에서 즐거워하고 묵상한다. 그 결과 그들은 시냇가에 심은 나무처럼 된다(3절).

　이 은유는 성경에서 흔히 나온다. 어떤 나무를 연상하건 간에, 나무는 사시사철 푸름과 우거짐, 계절마다 열리는 열매, 그리고 작열하는 태양 아래서도 시들지 않는 잎사귀를 뿜낸다. 나무가 뿌리로 물과 양분을 쉴 새 없이 흡수하는 것처럼, 의로운 자들은 여호와의 율법을 매일 묵상함으로써 하나님 안에서 자신의 영혼을 새롭게 하고 채움을 받는다. 이러한 나무는 흔들리지 않도록 단단하게 심겨 있다. 여호수아와 같은 자들은 무엇을 하든 형통한다.

### 악인의 멸망 (4-6절)

"악인들은 그렇지 아니함이여." 그들의 현재 상황과 미래의 운명은 아주 다르다. 열매가 주렁주렁 맺히는 나무와는 달리, 그들은 마치 마르고 성가시기만 한 겨와 같다. 물가에 심기우기는커녕, 바람에 휩쓸려 간다.

　이 은유는 성경 시대와 성경 지리에서 익숙한 것이었다(비교. 시 35:5; 사 17:13; 마 3:12). 타작마당은 보통 언덕 위 딱딱하고 평평한 곳 바람이 잘 당는 곳에 펼쳐진다. 밀을 커다란 키 혹은 삽으로 퍼서 허공으로 던진다. 그러면 알곡은 아래로 떨어져서 수북이 쌓인다. 가벼운 겨는 사방에서 부는 바람에 날리고 만다.

　악한 자들은 두 가지 의미에서 바람에 나는 겨와 같다. 그들은 바짝 말라 있고 수확을 기대할 수 없다. 그리고 그들은 하나님의 심판 앞에서 쉽게 바람에 흩날린다. 악인을 뜻하는 히브리 단어의 배후에 있는 기본 개념은 '가만있지 못함'(참조. 사 57:20-21)이다. 나무는 튼실하게 심겨 있지만, 겨는 불안정하다. 하나님이 당대에 베푸시는 심판을 통해 그들을 체질하기 시작하실 때, 특히 마지막 심판이 다가올 때, 그들은 견디지 못할 것이다. 아니, 지금도 의인들의 모임에 들어올 수 없다. 왜냐하면 그들이 하나님의 경건한 남은 백성에 속하지 않았기 때문이다.

6절은 전체 시편에 대한 일반적인 결론이다. 이 절로써 의인의 길과 악인의 길이 갈린다. 여호와께서 의인들의 길은 인정하시나 악인들의 길은 망하고 만다.

#### 묵상을 위한 질문

- 시편 기자는 우리의 인생에 오직 두 가지 길만 있다고 말한다. 살면서 '의인의 길'과 '악인의 길' 외에 제3의 길처럼 보이는 길은 없었는가? 성경은 왜 두 가지 부류의 사람(길)만 이야기하는가?
- 시인은 어떤 사람이 복 있는 사람이라고 말하는가? 소극적인 진술과 적극적인 진술로 나눠서 생각해보라.
- 의로운 자들의 가장 큰 특성은 무엇인가? 그러한 특성이 내 삶에는 어느 정도 드러나고 있는가?

# PSALM 8

**시편 8편**
## 인간이란 무엇인가?
—

1 여호와 우리 주여 주의 이름이 온 땅에 어찌 그리 아름다운지요. 주의 영광이 하늘을 덮었나이다.

2 주의 대적으로 말미암아 어린아이들과 젖먹이들의 입으로 권능을 세우심이여 이는 원수들과 보복자들을 잠잠하게 하려 하심이니이다.

3 주의 손가락으로 만드신 주의 하늘과 주께서 베풀어두신 달과 별들을 내가 보오니

4 사람이 무엇이기에 주께서 그를 생각하시며 인자가 무엇이기에 주께서 그를 돌보시나이까.

5 그를 하나님보다 조금 못하게 하시고 영화와 존귀로 관을 씌우셨나이다.

6 주의 손으로 만드신 것을 다스리게 하시고 만물을 그의 발 아래 두셨으니

7 곧 모든 소와 양과 들짐승이며

8 공중의 새와 바다의 물고기와 바닷길에 다니는 것이니이다.

9 여호와 우리 주여 주의 이름이 온 땅에 어찌 그리 아름다운지요.

C. S. 루이스의 말을 빌리자면 "이 짧으면서도 놀랍도록 아름다운 시"는 "여호와 우리 주여 주의 이름이 온 땅에 어찌 그리 아름다운지요"란 후렴구로 시작하고 끝난다. 이 시에는 하나님의 이름, 혹은 하시는 일들을 통해 땅과 하늘에 나타난 하나님의 본성의 장엄함에 대한 인식이 깔려 있다. 하나님의 원수들은 거만한 역심逆心에 눈이 멀어 그분의 영광을 보지 못한다. 그러나 그들은 어린아이들과 젖먹이들로 말미암아 망신을 당한다. 예수께서는 어린이들이 그분을 성전에서 '호산나' 하며 높였을 때 이 말씀을 인용하셨다. 그러나 대제사장들과 서기관들은 분개하며 저지했다(마 21:15-16). 하나님은 어린아이들의 소박한 믿음과 신자들의 어린아이와 같은 겸손함에 영광을 받으신다(비교. 마 11:25-26; 고전 1:26-29).

시인의 경이에 찬 예배를 이끈 것은 인간을 향한 하나님의 배려(3-4절) 그리고 그분이 인간에게 이 땅에서 허락하신 우월한 위치(5-8절)이다. 이 두 가지 진리는 서로 일정한 관계 속에서 우리로 하여금 인간에 대한 균형 잡힌 판단을 내리게 하며, 시인이 던진 수사학적인 질문, "사람이 무엇이기에"(4절), 즉 "인간이라는 것이 무엇을 의미하는가?"에 대한 적정한 답을 내리도록 한다.

### 인간의 보잘것없음 (3-4절)

밤하늘을 올려다보자 질문이 떠올랐다. 만약 다윗이 이 시의 주인공이라면, 자신의 젊은 시절의 경험을 말하고 있음에 의심의 여지가 없다. 베들레헴 근교의 둔덕에서 아버지의 양떼를 돌보던 목동 시절, 그는 별들을 올려다보며 잠드는 날이 많았다. 누워서 눈앞에 펼쳐지는 헤아릴 수 없는 광대함을 살피곤 했을 것이다. 팔레스타인 하늘의 맑고 깊음을 헤아려보고자 했을 것이다. 그는 달과 별들이 있는 하늘이 하나님 손가락의 작품임을 알게 되었고(3절), 그 광대함과 신비를 묵상하다가 이렇게 외쳤다. "사람이 무엇이기에 주께서 그를 생각하시며 인자가 무엇이기에 주께서 그를 돌보시나이까"(4절).

> 여호와 우리 주여 주의 이름이 온 땅에 어찌 그리 아름다운지요.
> 주의 영광이 하늘을 덮었나이다(시 8:1).

다윗이 거의 3천 년 전에 이렇게 반응했다면, 우주물리학과 우주 정복 시대에 사는 우리는 얼마나 더 깊이 반응해야겠는가? 수억 광년 떨어진 곳에 존재하는 셀 수 없는 은하수들과 비교하여 먼지보다 작은 태양계에서 공전하는 행성들을 생각할 때, 광대하신 우주의 하나님이 돌보시는 것도 모자라서 우리를 생각하신다는 것은 믿기지 않는다. 그러나 그분은 그렇게 하신다. 그리고 예수께서는 우리 머리카락조차도 다 헤아렸다고 우리를 안도시키신다.

## 인간의 위대함 (5-8절)

시인은 우주의 끝없음에 비교하여 인간의 보잘것없음에서 하나님이 그에게 이 땅에서 허락하신 위대함으로 옮긴다.

"그를 하나님보다 조금 못하게 하시고 영화와 존귀로 관을 씌우셨나이다. 주의 손으로 만드신 것을 다스리게 하시고 만물을 그의 발 아래 두셨으니"(5-6절).

우리는 천상적인 존재이며 심지어 하나님 자신보다 약간 못하다. 이 위치는 우리의 다스림에서 거침없이 드러난다. 하나님은 인간에게 왕 같은 권세를 주셨고, 우리에게 "영광과 존귀로 관을 씌우셨"다(5절). 그리고 우리에게 그분의 작품을 통어하는 권한을 위임하셨다. 하나님이 "만물을 그의 발 아래 두셨"다고(6절) 말할 정도이다.

시인은 주로 동물 세계를 언급한다. 야수와 가축, 공중의 새와 바다의 물고기, 그리고 다른 모든 대양에 사는 피조물들이 그것이다(7-8절). 이것은 지어낸 이야기가 아니다. 우주는 과학의 탐구에 그 비밀을 점점 더 드러내고 있고 이에 따라 우리의 지배권은 더 커지고 있다. 그러나 지금 이 순간도 인류는 창조계의 으뜸이다. 우리의 발 아래엔 만물이 있다. 신약은 세 곳에서 이 구절들을 인용한다.

히브리서 2장 5절과 그 이후의 절들에서는 이렇게 말씀한다. "…지금 우리가 만물이 아직 그에게 복종하고 있는 것을 보지 못하고." 그러나 곧이어 이런 말씀이 추가된다. "…우리가 천사들보다 잠시 동안 못하게 하심을 입은 자 곧 죽음의 고난받으심으로 말미암아 영광과 존귀로 관을 쓰신 예수를 보니…." 인류는 죄로 말미암아 타락했고, 그 결과 하나님께서 우리에게 부여하신 지배권의 일부를 상실했다. 그러나 두 번째 아담인 예수님 안에서 이 지배권은 회복되었다. 인류의 지배권이 펼쳐지는 곳은 우리 안이 아니라 예수님 안이다. 그분은 친히 죽으심으로 마귀를 멸하고 그의 노예들을 해방하셨다(히 2:14-15). 그분은 이제 왕관을 쓰셨고 하나님의 우편으로 올림을 받으셨다.

시편의 인간 지배권에 관한 기술이 우리보다는 사람이 되신 그리스도 예수를 향한 것이지만, 믿음으로 그분의 높여짐에 참여하게 된다면 이 말씀은 우리에게도 적용된다. 사도 바울은 예수를 높이는 한없이 위대한 하나님의 권능이 "만물을 그의 발 아래에 복종하게 하시"는 그를 믿는 우리에게도 주어졌다고 말한다(엡 1:19-22). 실지로 우리는 이 말씀을 경험했으니, 이 권능이 우리를 죄로 인한 죽음에서 일으켰고, 그리스도와 더불어 높였으며, 하늘의 보좌에 그분과 더불어 앉게 했기 때문이다. 하늘의 보좌는 우리가 그분의 승리와 지배권에 참여하는 곳이다(엡 2:5-6).

이것이 끝이 아니다. 그리스도는 모든 정사와 권세 위로 높임을 받으셨고, 만물은 장차 그분의 발 아래 놓일 것이다. 그분의 모든 원수들이 아직은 패배를 자인하거나 그분께 투항하지 않았다. 하지만 그분이 영광 가운데 나타나시고 죽은 자들이 일어날 때, 이렇게 하실 것이다. "그가 모든 통치와 모든 권세와 능력을 멸하시고 나라를 아버지 하나님께 바칠 때라. 그가 모든 원수를 그 발 아래에 둘 때까지 반드시 왕 노릇 하시리니 맨 나중에 멸망받을 원수는 사망이니라"(고전 15:24-26).

**묵상을 위한 질문**

- 시편 기자로 하여금 하나님께 경배와 찬양을 드리게 한 두 가지 요인(3-4절, 5-8절)은 무엇인가? 나는 이것과 동일한 이유로 하나님을 경배하고 찬양하는가?
- 그리스도께서 최종적으로 승리하셨고 우리가 그 승리에 참여한다는 사실은 오늘을 사는 내게 어떤 위로를 주는가?

# PSALM 15
**시편 15편**
## 주의 장막에 머무를 자

—

1 여호와여 주의 장막에 머무를 자 누구오며 주의 성산에 사는 자 누구오니이까.

2 정직하게 행하며 공의를 실천하며 그의 마음에 진실을 말하며

3 그의 혀로 남을 허물하지 아니하고 그의 이웃에게 악을 행하지 아니하며 그의 이웃을 비방하지 아니하며

4 그의 눈은 망령된 자를 멸시하며 여호와를 두려워하는 자들을 존대하며 그의 마음에 서원한 것은 해로울지라도 변하지 아니하며

5 이자를 받으려고 돈을 꾸어주지 아니하며 뇌물을 받고 무죄한 자를 해하지 아니하는 자이니 이런 일을 행하는 자는 영원히 흔들리지 아니하리이다.

시편 15편은 사람이 하나님과 함께 거할 수 있는 조건에 관해 말한다. 이 시편은 종교와 도덕을 떼려야 뗄 수 없는 동반자로 묶고 있다는 점에서 각별한 가치를 지닌다. 이 시편은 질문으로 시작한다. 그리고 제기한 질문에 답을 하며 결국에는 원래의 질문을 넘어서는 거대한 선언으로 결말을 내고 있다.

**예루살렘 서쪽 벽 앞에서 기도하는 정통파 유대인들**
동유럽에서 온 조상들처럼 전형적인 검은 외투와 모자를 착용하고 있다.

### 질문 (1절)

"여호와여 주의 장막에 머무를 자 누구오며 주의 성산에 사는 자 누구오니이까."

'성산'은 물론 예루살렘이고, '장막'은 솔로몬이 성전을 세우기 전 법궤를 두었던 장막인 것 같다. 이 시편은 시편 24편과 비슷하게 사무엘하 6장 12-19절 그리고 역대상 15장과 16장에서 묘사한 사건을 지칭한다고 생각하는 사람들이 많다. 다윗은 법궤를 오벧에돔의 집에서 시온 산 즉 '다윗의 도성'으로 가져와 법궤를 위해 지은 장막 안에 안치했다. 이 시편은 하나님의 임재가 예루살렘의 거민들에게 던지는 도덕적인 요구를 그리고 있는 것이다.

그러나 이 시편은 더 넓은 의미를 적용할 수 있다. 인간이 이생에서든 내생에서든 하나님의 임재 앞에 거할 수 있는지 그 조건을 탐색하고 있는 것이다. 시인은 여호와가 거룩하신 하나님이고, 죄인들은 그들의 죄로 인해 하나님으로부터 분리돼 있음을 명백하게 해둔다. "주는 죄악을 기뻐하는 신이 아니시니 악이 주와 함께 머물지 못하며"(시 5:4). 그렇다면 누가 하나님과 동거할 수 있는가?

### 대답 (2-5절)

시인은 이제 자신의 질문에 대답한다. 어떤 사람이 하나님께 가까이 나아갈 수 있는지 기술하는 것이다. 그는 매력적인 그림을 그려보지만, 사람의 형상으로 나타나신 예수 그리스도 외에는 그 누구도 이상형에 완벽하게 들어맞는 이가 없었다. 예수 그리스도만이 그분 자신의 공로로 하늘에 계신 하나님의 곁에 앉아 계신다. 우리가 하나님께 나아가는 것은 오로지 그리스도를 통해서만 가능하다.

그러나 그리스도로 말미암아 하나님께 가까이 나아가게 된 후에라도, 그분의 은혜로 말미암아 이 시편이 묘사하고 있는 거룩한 삶을 따라야만 그분과 교제를 계속할 수 있다. 여기서 이야기하는 것은 사회적인 거룩함이다. 즉, 우리 이웃에 대한 우리의 전적인 의무를 말하고 있다. 우리는 사람들과 바른 관계를 유지하지 못하고서는 하나님과 바른 관계를 맺을 수 없다. 우리는 이웃의 선을 도모하지 않는 한 하나님의 존전에 머물리라 기대할 수 없다.

그래서 하나님과 함께하는 사람들이 '흠 없는blameless' (2절, 한글판 개역개정 성경에는 '정직하게 행하며'로 돼 있다-역주) 사람들로 묘사되어 있다. 이 사람들은 인품이 온전하고 진실하여 옳은 일을 행하고 진실한 것을 말한다. 더 나아가서 그들이 말하는 진리는 그들의 마음에서 나온 것이다. 왜냐하면 그들은 언제나 하고자 하는 말만을 하기 때문이다. 그래서 그들의 생각, 말 그리고 행동에는 일관성이 있다.

시인은 이 일반적이고 적극적인 진술에 대해 특정한 부정적 예를 들어 설명한다. 부정적인 배경 설명은 크리스천의 긍정적인 탁월함을 더욱 부각시켜준다.

첫째, 그들은 말이나 행동으로 이웃을 해하지 않는다(3절). 다른 사람을 헐뜯지 않고, 잘못을 행하지 않으며, 비방하지 않는다. 이 마지막 표현은 아마 이웃에 대해 입방아를 찧지 않는다는 뜻도 되고, 또는 곤경에 처한 틈을 타 부당한 이익을 취하지 않는다는 뜻도 된다. 둘째로, 그들은 다른 사람들에 대한 평가를 삼간다(3절). 하지만 가치 없는 사람들에게 반대를 표명하길 두려워하지 않는다. 셋째, 그들은 자신들이 한 약속을 지키되, 불편하거나 불리할 때도 그렇게 한다. 그들은 말과 행동이 일치하는 사람들이다(4절). 넷째, 그들은 가난한 사람들을 등치거나 무죄한 사람들을 억압하지 않는다(5절).

좀 더 세밀하게 말해서 그들은 고리高利로 돈을 빌려주지 않으며 뇌물을 받지 않는다. 우리는 여기서 구약성경에서 소개하는 낯익은 사람들을 만난다. 피도 눈물도 없는 고리대금업자와 뇌물을 받고 정의를 굽히는 부정한 법관 말이다. 이 두 가지 일은 율법에 의해 금지되었고(출 22:25; 레 25:35-38; 출 23:6-8; 신 16:19; 27:25), 선지자들에 의해 책망받았다(예. 겔 22:12).

## 선언(5절 하)

시인은 누가 하나님의 임재 앞에 거할 수 있느냐고 묻고, 이웃을 사랑하는 한 사람을 정밀 묘사함으로써 자신의 질문에 스스로 답하고 있다. 그러나 그는 여기서 멈추지 않는다. 이러한 사람들은 하나님의 장막에 거할 뿐 아니라 영원히 흔들리지 아니할 것이며, 삶의 우여곡절에도 불구하고 심판의 날까지 든든히 서 있으리라는 결론을 내린다.

### 묵상을 위한 질문

- 이 시편에 따르면 어떠한 사람들이 하나님의 장막과 성산에 거할 수 있는가? 제시된 기준들 중 내가 간과했던 것이 있다면 무엇인가? 나는 이웃에 대한 의무를 다하고 있는가?
- 그리스도의 공로로 구원받은 자가 여전히 도덕적으로 살아야 하는 까닭은 무엇인가?
- 마지막 절(5절)의 말씀은 올곧게 살기 위해 노력하고, 선을 행하려 애쓰다가 낙심하기 쉬운 우리에게 어떤 위로를 주는가?

# PSALM 16

**시편 16편**

# 현재의 믿음과 미래의 희망

—

1 하나님이여 나를 지켜주소서. 내가 주께 피하나이다.

2 내가 여호와께 아뢰되 주는 나의 주님이시오니 주밖에는 나의 복이 없다 하였나이다.

3 땅에 있는 성도들은 존귀한 자들이니 나의 모든 즐거움이 그들에게 있도다.

4 다른 신에게 예물을 드리는 자는 괴로움이 더할 것이라. 나는 그들이 드리는 피의 전제를 드리지 아니하며 내 입술로 그 이름도 부르지 아니하리로다.

5 여호와는 나의 산업과 나의 잔의 소득이시니 나의 분깃을 지키시나이다.

6 내게 줄로 재어준 구역은 아름다운 곳에 있음이여 나의 기업이 실로 아름답도다.

7 나를 훈계하신 여호와를 송축할지라. 밤마다 내 양심이 나를 교훈하도다.

8 내가 여호와를 항상 내 앞에 모심이여 그가 나의 오른쪽에 계시므로 내가 흔들리지 아니하리로다.

9 이러므로 나의 마음이 기쁘고 나의 영도 즐거워하며 내 육체도 안전히 살리니

10 이는 주께서 내 영혼을 스올에 버리지 아니하시며 주의 거룩한 자를 멸망시키지 않으실 것임이니이다.

11 주께서 생명의 길을 내게 보이시리니 주의 앞에는 충만한 기쁨이 있고 주의 오른쪽에는 영원한 즐거움이 있나이다.

이 시편은 기도로 시작("하나님이여 나를 지켜주소서")하지만, 실제로는 한 신자의 현재의 믿음과 미래의 희망에 관한 증언을 다루고 있다. 그는 하나님께 피한 후에 그분 안에서 가장 큰 선(2, 6-7절)을 발견하였고, 죽음조차 그에게서 하나님과 사귐이 전부인 진정한 삶을 빼앗지 못함을 확신하고 있

다(11절). 이 마지막 절들은 베드로가 오순절에 예수 그리스도의 부활에 적용해 설교하였고, 바울은 비시디아 안디옥에서 이 구절들을 강론하였다(행 2:24-31 ; 13:34-37).

**예루살렘 서쪽 성벽의 일부**
하나님이여 나를 지켜주소서. 내가 주께 피하나이다(시 16:1).

### 현재의 믿음 (1-6절)

하나님을 신뢰한다는 것, 혹은 주께 피한다(1절)는 것의 의미를 2절에서 설명한다(비교. 시 73:24). 신자들은 죄의 달콤함과 세상의 헛된 영화에서 돌이켜 하나님 안에서 유익을 찾고 발견한다. 신자는 하나님을 기뻐할 뿐 아니라 경건한 자들, 곧 성도들을 보며 즐거워하기도 한다(3절).

그러나 참되시고 살아 계신 하나님을 다른 신과 바꿔버린 경건치 않은 자들에게서 신자는 아무런 기쁨도 얻지 못한다(4절). "괴로움이 더할 것이라"는 구절에서 보듯 신자는 그들이 큰 곤경에 빠질 것을 안다. 신자는 확고부동하게, 그들이 드리는 우상숭배적인 피의 잔을 바치지 않을 것이고, 그들이 섬기는 신들의 이름을 부르는 일조차 하지 않을 것이라고 말한다(4절). 우상을 섬기는 일은 전심을 다하여 여호와께 헌신한 신자와 양립할 수 없다고, 지극히 고양된 언어로 말하고 있다(5-6절). 여호와는 신자에게 그분의 산업(땅이 아니라 일정한 분량의 음식을 암시한다)과 잔을 내리신다. 이 둘로 인해 그의 허기는 채워지고 갈증은 풀린다. 나아가 그는 하나님께서 친히 아름다운 기업이 되심을 깨닫는다. 마치 레위 지파의 제사장들이 가나안에서 아무런 기업을 받지 못했지만, 그들의 기업이 여호와였던 것과 같다(예민 18:20).

## 미래의 희망 (7–11절)

베드로와 바울에 따르면 이 시편은 다윗의 작품이다. 다윗은 여호와께서 훈계를 주시고, 밤에 그의 양심을 통해 교훈을 얻는 데서 감사한 마음이 일어난다고 말한다(7절). 그가 받은 신적인 교훈이 무엇인가는 분명하게 말하지 않지만, 본 시편의 나머지 구절들이 그 답이 될 것 같다.

하나님께서 다윗에게 다가가 말씀하셨다. 고요한 밤, 그가 하나님과 긴밀한 교제를 누리는 동안 그의 양심이 그를 가르치는 것이다. 다윗은 자신의 이러한 경험에서 놀라운 추론을 이끌어낸다. 하나님이 항상 나의 앞과 나의 옆에 계시므로 "내가 흔들리지 아니하리로다"(8절). 달리 말해서, 그가 하나님과 함께하며 교제하는 복은 그를 만족시킬 뿐 아니라 그를 안전하게 한다. 그가 지닌 현재의 믿음이 미래의 희망을 가져오게 된 것이다.

다윗은 이제 마음과 심령으로 즐거워한다. 그의 몸 역시 "안전히 살" 것이기(9절) 때문이다. 그는 이어서 자신의 새로운 확신을 좀 더 자세하게 하나님께 직접 이야기한다(11절).

이 구절들은 세 가지 방향에서 해석할 수 있는데, 어떻게 해석해도 무방하다. 문자적으로 이 구절들은 시인이 죽지 않을 것이며, 그의 영혼이 망자(亡者)들의 거처인 '스올'로 내려가지 않으리라는 확신을 드러내고 있다. 그의 육체도 멸망하지 않을 것이다. 우리는 이 시편이 작성된 역사적 상황을 알지 못하지만, 다윗이 망명하여 지내는 동안 그를 붙들어주었던 확신에 찬 표현을 읽을 수 있다. 그래서 그가 사울의 손에 떨어지지 않았는지도 모른다.

하지만 이 구절들이 지닌 의미는 이보다 훨씬 더 깊다. 죽음으로부터의 구출이라는 결과는 생명의 길로 이어지는데, 이 생명은 단지 육체적인 생존이 아니라 기쁨과 영원한 즐거움을 가져오는 하나님의 임재를 누리는 것을 말한다. 이것은 신약성경이 바로 '영생', 하나님과의 교감이라 부른 그것이다. 육체의 죽음은 이 교감에 끼어들 수 없다. 다윗은 자신이 읊조리는 바를 충분히 이해하고 있었던 것 같지는 않다. 왜냐하면 생명과 불멸은 오직 예수 그리스도에 의해서만 선명하게 계시되었기 때문이다(딤후 1:10). 그래서 그의 말은 무덤 너머 영원한 생명이 완성될 때 진정으로 성취된다.

베드로는 이 구절들을 예수의 부활에 적용하면서 다윗이 이 구절들을 일차적으로 그 자신에게 연결지을 수 없다고까지 말한다. 왜냐하면 그는 죽어서 장사 지내졌기 때문이다. 베드로는 이렇게 말을 잇는다. "그는 선지자라. 하나님이 이미 맹세하사 그 자손 중에서 한 사람을 그 위에 앉게 하리라 하심을 알고 미리 본 고로 그리스도의 부활을 말하되 그가 음부에 버림이 되지 않고 그의 육신이 썩음을 당하지 아니하시리라 하더니"(행 2:30-31).

우리는 베드로가 실제로 말하지 않은 것을 만들어내지 않도록 조심해야 한다. 베드로 자신이 첫 번째 편지(벧전 1:10-12)에서 선지자들이 그리스도의 수난과 이후의 영광을 예언하면서 그리스도의 성령이 가리키는 바를 충분히 이해하지 못했다고 설명하고 있다. 따라서 우리는 다윗이 스스로 깨달은 예수의 부활을 정교하고 의식적으로 예언하고 있다고 주장해서는 안 된다. 예언의 영에 사로잡혀 다윗이 죽음의 정복, 삶의 충만함 그리고 하나님의 임재 안에 있는 즐거움에 관해 쓰게 되었다고 말하는 것쯤으로 족하다. 이것들은 다윗 자신의 경험이 아니라 그의 자손에게서 최종적으로 성취될 것이다.

**묵상을 위한 질문**

- 본 시편은 현재의 상황이 아무리 급박하고 괴로울지라도 모든 것이 제자리로 돌아오며, 지켜지지 않는 게 없을 미래의 희망을 노래한다. 본문은 현재의 상황과 미래의 확신에 대한 내용으로 나뉘는데, 어느 것이 더 비중 있게 다루어지는가?
- 사도행전 2장과 13장을 읽어보자. 당시 핍박과 고난의 연속이었던 그리스도인들에게 베드로와 바울이 인용했던 이 시편은 어떤 위로를 주었다고 생각하는가?
- 이 시편을 나의 상황에 적용해보자. 나의 밤을 불안하고 괴롭게 하는 상황을 넘어 하나님이 해결해주실 미래를 구체적으로 떠올리는 것은 어떤 유익이 있는가?

# PSALM 19

**시편 19편**
## 하나님의 자기 계시
―

1 하늘이 하나님의 영광을 선포하고 궁창이 그의 손으로 하신 일을 나타내는도다.
2 날은 날에게 말하고 밤은 밤에게 지식을 전하니
3 언어도 없고 말씀도 없으며 들리는 소리도 없으나
4 그의 소리가 온 땅에 통하고 그의 말씀이 세상 끝까지 이르도다. 하나님이 해를 위하여 하늘에 장막을 베푸셨도다.

5 해는 그의 신방에서 나오는 신랑과 같고 그의 길을 달리기 기뻐하는 장사 같아서

6 하늘 이 끝에서 나와서 하늘 저 끝까지 운행함이여 그의 열기에서 피할 자가 없도다.

7 여호와의 율법은 완전하여 영혼을 소성시키며 여호와의 증거는 확실하여 우둔한 자를 지혜롭게 하며

8 여호와의 교훈은 정직하여 마음을 기쁘게 하고 여호와의 계명은 순결하여 눈을 밝게 하시도다.

9 여호와를 경외하는 도는 정결하여 영원까지 이르고 여호와의 법도 진실하여 다 의로우니

10 금 곧 많은 순금보다 더 사모할 것이며 꿀과 송이꿀보다 더 달도다.

11 또 주의 종이 이것으로 경고를 받고 이것을 지킴으로 상이 크니이다.

12 자기 허물을 능히 깨달을 자 누구리요. 나를 숨은 허물에서 벗어나게 하소서.

13 또 주의 종에게 고의로 죄를 짓지 말게 하사 그 죄가 나를 주장하지 못하게 하소서. 그리하면 내가 정직하여 큰 죄과에서 벗어나겠나이다.

14 나의 반석이시요 나의 구속자이신 여호와여 내 입의 말과 마음의 묵상이 주님 앞에 열납되기를 원하나이다.

C. S. 루이스는 이 시편이 "시가서에서 가장 위대한 시이며, 세상에 존재하는 가장 위대한 시어詩語 중 하나"라고 말했다. 기독교적 관점에서 볼 때 이 시는 구약성경에서 발견되는 계시 교리, 즉 하나님이 자기 자신을 모든 인간에게 창조주로(1-6절), 이스라엘에게는 율법 수여자로(7-10절), 그리고 개인에게는 구속자로 알리신다는 교리의 가장 선명한 요약이다.

## 일반 계시 (1-6절)

인간은 하나님에 대해 맹세코 알 수 없다고 변명할 수 없다. 왜냐하면 하나님이 자신의 계시를 쉬지 않고 베푸시기 때문이다. 이를 '일반' 계시라고 부르는데, 모든 곳에 있는 모든 사람에게 주어진다. 사도 바울이 말한 대로, 하나님은 "자기를 증언하지 아니하신 것이 아니"다(행 14:17: 참조. 행 17:22-28: 롬 1:20).

이 증거는 자연, 특히 하늘에 나타나 있다. "하늘이 하나님의 영광을 선포"하고, 하늘은 "그의 손으로 하신 일"이다(1절). 오늘날에는 현대 우주물리학의 우주론을 통하여 이 증거에 대해 더 많이 알게 되었는데, 어떤 주석가가 표현한 것처럼 하늘은 "그 광대함, 화려함, 질서와 신비"로 하나님의 영광과 위대함을 드러낸다.

하늘을 통한 하나님의 자기 증거는 세 가지 특징을 지닌다. 첫째, 지속적이다. "날은 날에게 … 밤은 밤에게"(2절)라는 말은 중단 없는 증거를 뜻한다. 둘째, 풍성하다. 2절에 나오는 동사 '말하니 pour forth speech'는 하늘의 풍부한 표현을 묘사한다. 셋째, 보편적이다. 언어가 없고 들리는 소리도 없지만(3절), 소리보다는 보이는 광경을 통해 그 메시지가 세계 끝까지 퍼져나간다(4절). 바울은 이 마지막 구절을 세계로 향한 복음 전파에 적용하고 있다(롬 10:18).

하늘이 이렇게 우주적으로 하나님을 증거를 하는 장면에서, 태양은 특별한 사례가 된다. 물론 글자 그대로 받아들이라는 의도는 아니지만, 시인은 극적인 이미지를 동원하여 떠오르는 해를 자기 방에서 나오는 신랑에, 그리고 궤적을 그리며 천구天球를 도는 태양의 모습을 운동선수의 달음박질에 연결시키며, "그의 열기에서 피할 자가 없도다"(6절) 하고 감탄한다.

### 특별 계시 (7-10절)

창조를 통한 하나님의 일반적이고 자연적인 계시에서 토라, 즉 '율법'을 통한 특별하고 초자연적인 계시로 예고도 없이 갑자기 주제가 바뀐다. 여기서 율법은 모세의 율법만을 말하는 것이 아니라 구약성경 전체를 뜻한다. 이 전환이 갑작스럽기는 해도 변덕스럽지는 않다. 하늘도 율법도 모두 하나님을 알리는 것들이다. 나아가 C. S. 루이스는 미치지 않는 곳이 없는 태양의 온기에 관한 언급에서 하나의 연결고리를 찾아냈는데, 이는 매우 적절한 해석이다. "찾아내고 깨끗하게 하는 태양이, 찾아내서 정결하게 하는 율법의 이미지로 내세워지고 있다."

주제의 변화와 더불어 하나님의 이름 또한 의미심장하게 변화한다. 자신을 자연 안에서 모든 사람에게 계시하시는 분은 하나님, 히브리어로는 '엘'(1절), 곧 창조의 하나님이시다. 그러나 언약의 하나님, 자신을 율법을 통해 언약의 백성 이스라엘에게 드러내시는 분은 주 '여호와'(이 시편의 후반부에서 일곱 번 나타난다)이시다. 이제는 그분의 영광이 아니라 의지가 계시되는데, 그 경탄할 만한 내용이 히브리어의 병행구를 통해서 완벽하게 전개된다(7-9절).

이 구절들이 유지하고 있는 대칭은 너무나 정밀하다. 각 병행구가 시작

될 때마다 하나님 뜻의 다른 측면을 말하고, 이어서 그 뜻이 무엇이고 전하는 바는 무엇인지 기술한다. 율법, 혹은 하나님의 교훈은 완전하다. 율법은 그분의 뜻에 표출된 하나님의 성품을 증거하고 있고, 특정한 '증거', '교훈', 그리고 '계명'으로 이루어져 있다. 그 완전함은 하나님의 명령이 '확실'하고, '정직'하고, '순결'하고, '정결'하고, '진실'하며, '다 의롭다'는 설명에서 알 수 있다. 또한 율법은 '여호와를 경외하는 도'(9절)라고도 불린다. 모든 계시의 위대한 목적은 겸손하고 경외심으로 찬 예배를 불러일으키는 것이기 때문이다. 시인은 하나님의 뜻을 이렇게 드러내는 것이 '정결'하다고 말한다.

그러나 시인은 여호와의 율법을 그 자체로 묵상하는 데 그치지 않고 그 효과를 열거한다. 율법은 '영혼을 소성시키며', '마음을 기쁘게 하고', 무엇보다도 '지혜롭게'(7절) 한다. 그리고 겸손한 자들이나, (나중에 주님이 가르치시는 것처럼) 어린아이 같은 자들의 '눈을 밝게'(8절) 한다. 하나님의 율법은 그 내재적인 특성과 건강을 가져다주는 결과로 인해 '금 곧 많은 정금보다 더 사모할 것이며 꿀과 송이꿀보다 더 달도다'(10절)라는 찬사를 받는다.

시인이 하나님의 율법을 부담으로 여기지 않는다는 점이 우리에게는 충격으로 다가올 수 있다. 우리는 이 달콤함이 처음에는 '매우 신비롭게', 아니 '완전히 어리둥절하게' 다가왔다는 C. S. 루이스의 말에 동감한다. 단지 계명이 옳고 약속이 확실해서가 아니라, 그것이 하나님의 계시, 곧 하나님이 자신을 이스라엘 백성에게 알리기로 작정하신 특별한 수단이기 때문이라는 설명이 가당할 것이다.

### 개인적인 계시 (11-14절)

11절에서 시인은 처음으로 자신에 관해 언급한다. 지금까지 그는 어떻게 온 땅이 자연으로부터 하나님의 영광을 알게 되었는지(4절), 그리고 어떻게 우둔한 자가 하나님의 율법에서 지혜를 얻었는지 죽 설명했다(7절). 그러나 이제 그는 하나님의 종이 되려는 그 자신의 영적인 열망을 밝히면서 시편을 마치고 있다(11, 13절).

그는 하나님의 율법 안에서 유익한 훈계를 받고, 그것에 유의하는 삶에 큰 보상이 따름을 알고 있다(11절). 그는 자신의 경험에서 하나님 율법의 이중적인 목적, 즉 죄를 드러내고(롬 3:20) 더욱 거룩하게 하는 목적을 발견한 것 같다. 그는 이로써 자신이 저지른 허물에서 정결케 되고(12절), 고의로 지은 죄를 피하고자 기도한다(13절). 그래서 그 죄에 눌리지 않고 큰 죄과에서 벗어나려고 한다. 시인은 여기서 한 가지 특정한 무시무시한 죄 혹은 성령을 거스르는 참람죄에 관해서 말하지 않는다(안타깝게도 존 버니언은 그렇다고 말한다). 오히려 그는 교묘한 잘못, '고의적으로' 범하는 죄들을 말하고 있다(민 15:30-31).

이 시편은 기도로 끝난다. 많은 목회자들이 설교하기 전에 이 구절을 자주 낭송한다. 시인은 이 구절에서 죄에서의 구출보다 훨씬 더 큰 의미를 말한다. 그의 모든 말과 생각이, 그가 지금 반석(힘)이요 그의 구속자라고 선언하는 하나님께 열납되게 해달라는 적극적이고도 개인적인 호소를 한다. 구속은 그 자체로 죄에서의 소극적인 구출이다. 구속은 하나님을 기쁘시게 하는 삶으로 완벽해져야 한다(참조. 딛 2:14).

**묵상을 위한 질문**

- 본문에 따르면, 사람이 하나님을 알 수 있게 되는 세 가지 통로는 무엇인가?
- 하나님의 계명이 버겁고 성가시게 느껴진다면 그 까닭은 무엇이라고 생각하는가? 이 시편에서는 하나님의 말씀이 우리에게 어떤 유익을 준다고 묘사하는가?
- 죄라는 것을 알면서도 자꾸만 당신의 마음이 기우는 것이 있는가? 하나님의 은혜를 구해야 할 '숨은 허물'은 무엇인가?

# PSALM 22
### 시편 22편
## 그리스도의 고난과 영광

—

1 내 하나님이여 내 하나님이여 어찌 나를 버리셨나이까. 어찌 나를 멀리하여 돕지 아니하시오며 내 신음 소리를 듣지 아니하시나이까.

2 내 하나님이여 내가 낮에도 부르짖고 밤에도 잠잠하지 아니하오나 응답하지 아니하시나이다.

3 이스라엘의 찬송 중에 계시는 주여 주는 거룩하시니이다.

4 우리 조상들이 주께 의뢰하고 의뢰하였으므로 그들을 건지셨나이다.

5 그들이 주께 부르짖어 구원을 얻고 주께 의뢰하여 수치를 당하지 아니하였나이다.

6 나는 벌레요 사람이 아니라 사람의 비방거리요 백성의 조롱거리니이다.

7 나를 보는 자는 다 나를 비웃으며 입술을 비쭉거리고 머리를 흔들며 말하되

8 그가 여호와께 의탁하니 구원하실걸, 그를 기뻐하시니 건지실걸 하나이다.

9 오직 주께서 나를 모태에서 나오게 하시고 내 어머니의 젖을 먹을 때에 의지하게 하셨나이다.

10 내가 날 때부터 주께 맡긴 바 되었고 모태에서 나올 때부터 주는 나의 하나님이 되셨나이다.

**마사다에서 내려다본 풍경**
내 힘이 말라 질그릇 조각 같고 내 혀가 입천장에 붙었나이다.
주께서 또 나를 죽음의 진토 속에 두셨나이다(시 22:15).

11 나를 멀리하지 마옵소서. 환난이 가까우나 도울 자 없나이다.

12 많은 황소가 나를 에워싸며 바산의 힘센 소들이 나를 둘러쌌으며

13 내게 그 입을 벌림이 찢으며 부르짖는 사자 같으니이다.

14 나는 물같이 쏟아졌으며 내 모든 뼈는 어그러졌으며 내 마음은 밀랍 같아서 내 속에서 녹았으며

15 내 힘이 말라 질그릇 조각 같고 내 혀가 입천장에 붙었나이다. 주께서 또 나를 죽음의 진토 속에 두셨나이다.

16 개들이 나를 에워쌌으며 악한 무리가 나를 둘러 내 수족을 찔렀나이다.

17 내가 내 모든 뼈를 셀 수 있나이다. 그들이 나를 주목하여 보고

18 내 겉옷을 나누며 속옷을 제비 뽑나이다.

19 여호와여 멀리하지 마옵소서. 나의 힘이시여 속히 나를 도우소서.

20 내 생명을 칼에서 건지시며 내 유일한 것을 개의 세력에서 구하소서.

21 나를 사자의 입에서 구하소서. 주께서 내게 응답하시고 들소의 뿔에서 구원하셨나이다.

22 내가 주의 이름을 형제에게 선포하고 회중 가운데에서 주를 찬송하리이다.

23 여호와를 두려워하는 너희여 그를 찬송할지어다. 야곱의 모든 자손이여 그에게 영광을 돌릴지어다. 너희 이스라엘 모든 자손이여 그를 경외할지어다.

24 그는 곤고한 자의 곤고를 멸시하거나 싫어하지 아니하시며 그의 얼굴을 그에게서 숨기지 아니하시고 그가 울부짖을 때에 들으셨도다.

25 큰 회중 가운데에서 나의 찬송은 주께로부터 온 것이니 주를 경외하는 자 앞에서 나의 서원을 갚으리이다.

26 겸손한 자는 먹고 배부를 것이며 여호와를 찾는 자는 그를 찬송할 것이라 너희 마음은 영원히 살지어다.

27 땅의 모든 끝이 여호와를 기억하고 돌아오며 모든 나라의 모든 족속이 주의 앞에 예배하리니

28 나라는 여호와의 것이요 여호와는 모든 나라의 주재심이로다.

29 세상의 모든 풍성한 자가 먹고 경배할 것이요 진토 속으로 내려가는 자 곧 자기 영혼

을 살리지 못할 자도 다 그 앞에 절하리로다.
　30 후손이 그를 섬길 것이요 대대에 주를 전할 것이며
　31 와서 그의 공의를 태어날 백성에게 전함이여 주께서 이를 행하셨다 할 것이로다.

　이 시편은 시가서에서 '수난 시편'으로 불리는 시들 중 첫 수이다. 이 시는 무고한 희생자의 고난과 핍박을, 이사야서 후반에 나오는 여호와의 고난받는 종을 연상시키는 언어로 그리고 있다. 일부 주석가들은 고난당하는 이 경건한 시인이 이방의 나라에 포로로 잡혀 온 이스라엘 민족을 가리키는 것일 수도 있다며 실제 인물이라기보다는 상상 속의 인물에 가깝다고 주장하지만, 여기에 사용된 고난의 언어가 너무 생생하고 세부적이어서 진짜 경험, 글자 그대로의 경험을 묘사하고 있음에는 의심이 없다.

　그러나 그리스도인들은 이 시를 그리스도의 고난과 그에 이어지는 영광에 적용하지 않고서는 읽을 수도, 노래할 수도 없다. 예수께서 십자가 위에서 하신 일곱 말씀 중 하나로 이 시의 초반부를 인용하셨다(마 27:46; 막 15:34)는 것 말고도, 7-8절의 조롱은 제사장들의 말에서 묻어나고(마 27:39-44; 막 15:31-32; 눅 23:35), 18절의 옷 나눔은 군병들이 성취하였으며(요 19:23-24), 히브리서 2장 11-12절은 22절을 그리스도에게 적용하고 있다. 게다가 14-17절에 나오는 이 희생자의 비애는, 신약성경의 그리스도에 관해 서술하는 대목에서 직접 인용되지는 않지만, 그리스도의 부러진 뼈, 목마름 그리고 손발에 박힌 못 등 십자가 처형의 공포를 생생하게 묘사한다.

　이 시편은 대조되는 두 부분으로 나누어진다.

### 비애의 외침(1-21절)

고난당하는 시인은 비통한 질문을 던지며 하나님을 향해 울부짖는다. "어찌 나를 버리셨나이까?" 그의 가장 큰 고통은 육체적인 아픔도 아니고 뒤에서 설명하는 핍박자들의 조롱도 아니다. 가장 고통스러운 것은 하나님에게 버려진 느낌이다. 그는 절망하거나 비통해하는 것이 아니라 당혹스러워하며 묻는다. 그가 처한 상황이 혹독한 것은 그가 버려졌고, 아무런 응답을 받지 못함에도 불구하고 '나의 하나님'이라고 세 번씩이나 하나님을 애타게 찾는 믿음 가운데 여전히 머물러 있다는 것이다.

세 가지 생각 때문에 시인의 상황은 더 나빠지고, 동시에 그의 믿음은 더 강해지는 것 같다. 그는 그 생각들을 다음 문단에서 풀어놓는다. 첫째, 조상들의 경험이 그것이다(3-5절). 그는 다른 모든 존재들로부터 따로 또 높이 계시는 하나님의 거룩하심을 안다. 조상들은 하나님께 의뢰하고 부르짖었으며, 그래서 수치를 당하지 않고 구원을 받았다. 둘째, 원수들의 조롱이다(6-8절). 원수들은 시인이 조상들처럼 구원받지 못함을 보고 그를 조롱한다. "그가 여호와께 의탁하니 구원하실걸." 하나님은 원수들이 그를 모독하도록 보고만 계실까? 셋째, 시인은 과거에 있었던 하나님과의 경험을 추억한다(9-11절). 여호와는 시인이 태어나면서부터 그의 하나님이셨고, 앞으로도 버리지 않으시리라 믿는다. 이런 생각이 시인으로 하여금 하나님을 향해 멀리 계시지 말라고, 곤경이 너무 가까이 와 있다고 애처롭게 호소하게 한다(11절).

그의 환난은 정확히 무엇인가? 그는 분명히 병색이 짙어 죽어가고 있다.

**통곡의 벽 앞에서 기도하는 사람들**
땅의 모든 끝이 여호와를 기억하고 돌아오며 모든 나라의 모든 족속이 주의 앞에 예배하리니 (시 22:27).

'죽음의 진토'(15절)가 그를 향해 날아오고 있다. 그는 보고 느끼는 신체적인 증상들을 묘사한다(14-15절).

시인이 겪는 육체적인 아픔은 그를 둘러싼 '악한 무리'(16절) 때문에 악화된다. 시인은 앞부분에서 바산의 비옥한 초지에서 온 '힘센 소들', 그를 집어삼키려는 '사자'들에 그들을 비교하였다(12-13절). 또 흉물스러운 떠돌이 '개들'(16절) 그리고 그의 관절 마디마디를 꺾으려고 기다리는 '들소'(21절)에 빗댄다. 그것들은 포악스럽게 시인의 손과 발을 찌르고, 그를 주목하여 본다(17절). 심지어 시인의 옷을 벗기고 그 옷을 나눈다(18절). 이렇게 함으로써 시인이 죽음을 예견하는 것인지도 모른다. 시인은 세 번째로(1-2절, 11절을 보라) 애원하는 자신에게 오셔서 구원해달라고 하나님께 호소한다(19-21절).

### 찬송의 노래 (22-31절)

시편의 어조가 갑자기 그리고 극적으로 기도에서 찬양, 고난에서 승리로 변한다. 고난당하는 자에게 베푸시는 하나님의 구원이 적시되지는 않는다. 그러나 마지막 부분에 고난당하는 종을 사람들은 비방하였으나(6절) 하나님은 멸시하지 않았고, 그가 하나님을 부르며 울부짖을 때 들으셨다고 기록한다(24절). 시인의 영혼은 경외감으로 가득 찬 나머지 모든 사람이 그와 함께 하나님을 찬양하길 원한다. 이 진실한 경배자는 항상 선교사적인 마음가짐을 갖는다. 그는 저 홀로 하나님을 찬양하고 말 수가 없다. 이 시편의 나머지 구절들에서 하나님을 찬양하자고 초대받은 사람들의 동심원은, 마침내 모든 민족과 모든 세대를 다 껴안을 때까지 넓어진다.

첫째, 그는 큰 회중 앞에서 하나님의 이름을 선포하며 높일 것이다(22-25절). 그의 동족 이스라엘, 야곱의 모든 자손 앞에서 하나님의 구원을 공개적으로 증언하고, 하나님께 공개적인 찬송을 올리려 한다. 다음으로 그는 그와 함께 고난당하는 자들, 지금도 가난한(26절, 한글판 개역개정 성경은 '겸손한'으로 번역함-역주), 혹은 그가 전에 그랬던 것처럼 '곤고한 자'(24절)를 떠올린다. 시인은 그들이 그와 즐거움을 나누고, 감사제를 지낸 후 먹는 제사음식으로 보이는 것을 그와 더불어 먹고 배부르기를 원한다. 이어서 그의 선지자적인 눈은 민족들이 돌아오는 것을 본다. 시인은 우주적인 주재권이 하나님께 있음을 인정하며 "땅의 모든 끝이 여호와를 기억하고 돌아"올 것이라고 주장한다(27-28절).

이러한 영광스러운 전망도 그가 내다보는 미래를 다 담지는 못한다. 29절이 모호하고, 또 교만한 자와 자신의 사멸을 인정하는 겸손한 자들 혹은 산 자와 죽은 자들을 한꺼번에 말하고 있기는 하지만, 30절과 31절은 시인의 '후손'을 정확하게 지칭한다. '태어날 백성' 역시 여호와와 그분의 구원에 관해 듣게 될 것이다. 따라서 구원 복음의 반포는 우주적이며 항구적이다. 우리는 이 경건한 사람이 겪은 고난의 결과에서, 십자가에 달리신 분의 궁극적 승리를 희미하게나마 앞당겨서 보게 된다.

### 묵상을 위한 질문

- 이 '수난 시편'의 내용은 그리스도의 고난과 어떻게 연결되는가? 복음서의 해당 구절을 찾아서 읽어보자.
- 이 시편은 비탄의 기도에서 갑자기 찬송의 시로 전환되는데(22절), 그것이 어떻게 가능한가?
- "내 하나님이여 내 하나님이여 어찌 나를 버리셨나이까?" 하고 탄식으로 시작하는 이 시편과 예수 그리스도의 고난은 나에게 어떤 위로를 주는가?

# PSALM 23

**시편 23편**

여호와는 나의 목자

—

**베들레헴 외곽 언덕**
가 양을 치는 모습은 성서시대와 거의 달라진 바가 없다.

1 여호와는 나의 목자시니 내게 부족함이 없으리로다.
2 그가 나를 푸른 풀밭에 누이시며 쉴 만한 물가로 인도하시는도다.
3 내 영혼을 소생시키시고 자기 이름을 위하여 의의 길로 인도하시는도다.
4 내가 사망의 음침한 골짜기로 다닐지라도 해를 두려워하지 않을 것은 주께서 나와 함께하심이라. 주의 지팡이와 막대기가 나를 안위하시나이다.
5 주께서 내 원수의 목전에서 내게 상을 차려주시고 기름을 내 머리에 부으셨으니 내 잔이 넘치나이다.
6 내 평생에 선하심과 인자하심이 반드시 나를 따르리니 내가 여호와의 집에 영원히 살리로다.

모든 시편들 중에서도 가장 널리 알려져 있고 가장 애송되는 이 시편에서는 하나님과 그의 백성 중 한 명과의 친밀한 관계가 두 가지로 세밀하게 묘사된다. 첫 번째는 목자와 양이요, 두 번째는 주인과 식객이다.

### 여호와는 나의 목자 (1-4절)

목축 중심의 사회에서 여호와를 목자로 생각하는 것은 자연스럽다 할 수 있다. 목자는 "자기 백성은 양같이 인도하여 내시고 광야에서 양 떼같이 지도하셨다"(참조. 시 78:52; 80:1; 사 40:11). 그러나 여기 나오는 은유는 헷갈릴 수 없으리만치 개인적이다. 시인은 담대하게 주장하기를 '여호와는 나의 목자'시라 하고, 양 떼의 다른 양들은 언급조차 하지 않는다.

그리스도인은 예수 그리스도를 생각하지 않고서는 이 시편을 읽거나 노래할 수 없다. 예수께서는 이 은유를 여호와에게서 자신에게로 새롭게 적용하셨다. 즉, 우리에게 '선한 목자', '목자장' 그리고 "양들의 큰 목자"(요 10:11, 14; 벧전 5:4; 히 13:20)이신 바로 그분 말이다.

자신의 개인적인 경험을 통해서 "여호와는 나의 목자시니"라고 말할 수 있다면, 그 결과에 대해서도 확신을 가지고 "내게 부족함이 없으리로다"라고 말할 수 있다. 선한 목자는 자기의 양 떼를 돌보고 나의 모든 필요를 공급해주신다. 그는 내가 푸른 초장에 누워 배고픔이 가시도록 풀을 뜯게 하시고, 목마름이 풀리도록 맑은 물가로 이끌어 가신다(2절). "자기 이름을 위하여" 즉 그분의 성품과 약속에 대한 충실성 때문에, 내가 길을 잃지 않도록 "의의 길로 인도"하신다(3절).

내가 "사망의 음침한 골짜기"(4절)를 걸어갈 때에도, 두려워할 것이 없고 두려워하지 않을 것이다. 목자가 나와 함께하시어, 나를 지팡이로 보호하시고 막대기로 인도하시기 때문이다(4절). 그러므로 내 안전은 푸른 초장이든 잔잔한 물가이든 혹은 사망의 음침한 골짜기이든, 나를 둘러싼 환경이 아니라 나의 목자에 의해 결정될 것이다. 그분과 함께할 때는 '부족함'(1절)도 없지만 '두려움'(4절)도 없다.

### 여호와는 나의 주인(5-6절)

장면이 바뀐다. 나는 더 이상 문 밖에 있지 않고 집 안으로 들어와 있다. 양 떼 중 한 마리가 아니라 잔치의 손님이다. 나의 주인께서는 내게 잘 차려진 상을 베푸신다. 이 잔치는 비밀스러운 연회가 아니라 원수들 앞에서 펼쳐지는 잔치이다. 주인께서 영혼을 만족시키시므로, 세상에 감출 길이 없는 것이다.

그분의 베풂은 아주 풍성하다. 음식으로 상다리가 휘고, 내 머리에는 향유가 부어진다. 잔은 차고 넘친다(5절). 나아가서 그분은 시작하신 일을 지속하신다. 그분은 나를 인도하시고(2-3절), "선하심과 인자하심이 반드시 나를 따"른다(6절). 또한 나의 평생에 걸쳐서 그분은 내 뒤 그리고 앞에서 나를 호위하실 것이다. 마지막으로 나는 "여호와의 집에 영원히"(6절) 거할 것이다. 그런데 사실 성막, 성전, 혹은 이 세상에서 그분의 임재 속에서 영원히 사는 것이 아니다. 우리는 예수께서 자기의 사람들을 위해 한 장소를 마련하러 가신다 하신 바로 그 아버지의 집, 있을 곳이 많은 그 집에 영원히 거할 것이다(요 14:1-4).

**묵상을 위한 질문**

- 이 시에서는 하나님이 그의 백성과 맺으시는 관계를 어떻게 그리고 있는가? 친히 목자 되신 하나님은 당신의 백성에게 어떠한 일을 행하시는가?
- 나는 환경에 얼마나 좌우되는 편인가? 나를 둘러싼 환경보다는 나의 목자에 의해 나의 안전이 결정된다는 점을 정말로 믿고 살아가고 있는가?
- 여호와의 집에 영원히 거할 것이라는 말씀은 오늘을 살아가는 나에게 어떤 소망을 주는가?

# PSALM 24
**시편 24편**
## 여호와의 산에 오름

1 땅과 거기에 충만한 것과 세계와 그 가운데에 사는 자들은 다 여호와의 것이로다.

2 여호와께서 그 터를 바다 위에 세우심이여 강들 위에 건설하셨도다.

3 여호와의 산에 오를 자가 누구며 그의 거룩한 곳에 설 자가 누구인가.

4 곧 손이 깨끗하며 마음이 청결하며 뜻을 허탄한 데에 두지 아니하며 거짓 맹세하지 아니하는 자로다.

5 그는 여호와께 복을 받고 구원의 하나님께 의를 얻으리니

6 이는 여호와를 찾는 족속이요 야곱의 하나님의 얼굴을 구하는 자로다. (셀라)

7 문들아 너희 머리를 들지어다. 영원한 문들아 들릴지어다. 영광의 왕이 들어가시리로다.

8 영광의 왕이 누구시냐. 강하고 능한 여호와시요 전쟁에 능한 여호와시로다.

9 문들아 너희 머리를 들지어다. 영원한 문들아 들릴지어다. 영광의 왕이 들어가시리로다.

10 영광의 왕이 누구시냐. 만군의 여호와께서 곧 영광의 왕이시로다. (셀라)

이 시편의 역사적 정황으로 가장 가능성 있는 것은, 다윗 왕이 오벧에돔의 집에서 예루살렘에 마련한 장막으로 법궤를 가지고 올 때의 일을 기록

한 사무엘하 6장의 사건이다. 유대인들이 연례 절기에 이 일 혹은 하나님이 다윗과 예루살렘을 택하심을 기념하였는데, 법궤가 도성으로 들어올 때 이 시편을 노래했던 것이 아닌가 싶다.

어떤 경우이든 간에 찬양대가 행진하며 시온 산에 있는 성전으로 향할 때 이 시편을 노래했다고 상상하는 것은 그리 어렵지 않다. 찬양대는 3-4절의 질문과 7-10절의 대답을 마치 오늘날 합창단들이 때로 그렇게 하는 것처럼 번갈아가며 응답 송가 형식으로 불렀다.

## 온 땅 (1-2절)

이 시편은 온 땅과 거기에 사는 사람들이 여호와의 소유임을 거창하게 선언하며 시작한다(1절). 왜냐하면 여호와는 창조주이시기 때문이다. "여호와께서 그 터를 바다 위에 세우심이여 강들 위에 건설하셨도다"(2절). '바다 위에 떠 있는 땅'이라는 표현은 시적인 표현으로, 바다에서 마른 땅이 출현하는 창세기 1장 기사에 근거를 둘 수 있다. (비유적으로 말해서) 지구 표면의

감람산에서 내려다본 바위 돔 사원과 주변의 전경

70퍼센트 정도가 물로 구성돼 있다는 점을 생각할 때, 이 말은 오늘날의 상식으로도 그다지 틀린 것은 아니다. 땅과 거기 가득한 것들이 하나님의 소유라는 1절의 선언은, 그리스도인들이 심지어 우상에게 바쳐진 고기를 포함해 어떤 음식을 먹어도 무방하다는 논증을 뒷받침하기 위해 바울이 고린도전서 10장 26절에서 인용한 말씀이기도 하다.

### 여호와의 산 (3-6절)

온 땅이 여호와의 것이지만, 특별한 산, 각별한 의미에서 그분의 소유인 산이 있다. '여호와의 산'(3절) 그리고 '거룩한 곳'으로 불리는, 하나님 임재의 상징인 법궤가 있는 시온 산이다. 그러나 그분의 거룩한 임재가 있는 그곳에 오를 자 누구인가? 답은 시편 15편을 떠올리게 한다. 성경에서 언제나 내세우는 예배와 도덕성의 합치가 답으로 제시된다.

하나님께서 받으시는 유일한 예배는 "손이 깨끗하며 마음이 청결"(4절)한 자, 즉 행위뿐 아니라 생각과 동기가 거룩한 자들이 드리는 예배이다. 나아가서 그들의 거룩함은 하나님 그리고 다른 사람들과 맺는 관계에 특징이 있다. 심령을 우상에게 바치지 않고(한글판 개역개정 성경에는 "뜻을 허탄한 데에 두지 아니하며"로 되어 있다-역주), "거짓 맹세하지 아니하"며(4절), 이웃을 속이지 않기 때문이다. 이렇게 경건하고 공의로운 사람들이 하나님의 복과 인정을 받는다(5절). 실로 이러한 복은 "여호와를 찾는 족속이요 야곱의 하나님의 얼굴을 구하는 자"(6절)의 몫이다.

### 성의 문들 (7-10절)

　법궤를 모신 행진이 다윗 성의 문에 당도했다. 찬양대의 목소리가 울려 퍼진다. "문들아 너희 머리를 들지어다. 영원한 문들아 들릴지어다. 영광의 왕이 들어가시리로다"(7절). 이어서 도성 안에서 이런 목소리가 흘러나온다. "영광의 왕이 누구시냐"(8절). 찬양대는 이렇게 대꾸한다. "강하고 능한 여호와시요 전쟁에 능한 여호와시로다"(8절). 대화가 이어지다가, 마지막으로 '영광의 왕'이 '만군의 여호와'라고 밝혀진다(9-10절). 전체 시편에서 이 칭호가 등장하는 것은 이 시편이 처음이며, 이 칭호 덕분에 본 시편은 장려한 절정에서 마무리된다.

#### 묵상을 위한 질문

- 시인은 '영광의 왕'이신 하나님을 찬송한다. 잠시 '하나님의 영광'을 묵상해보자. 나의 삶에는 하나님의 영광의 한 조각이 깃들어 있는가? 나는 하나님께 합당한 영광을 돌려드리고 있는가?
- 이 시에서 요구하는 예배자의 조건은 무엇인가? 그렇게 예배하는 자에게 하나님은 어떠한 은혜를 베푸시는가?

# PSALM 27

**시편 27편**
## 여호와를 기다릴지어다

—

1 여호와는 나의 빛이요 나의 구원이시니 내가 누구를 두려워하리요. 여호와는 내 생명의 능력이시니 내가 누구를 무서워하리요.

2 악인들이 내 살을 먹으려고 내게로 왔으나 나의 대적들, 나의 원수들인 그들은 실족하여 넘어졌도다.

3 군대가 나를 대적하여 진 칠지라도 내 마음이 두렵지 아니하며 전쟁이 일어나 나를 치려 할지라도 나는 여전히 태연하리로다.

4 내가 여호와께 바라는 한 가지 일 그것을 구하리니 곧 내가 내 평생에 여호와의 집에 살면서 여호와의 아름다움을 바라보며 그의 성전에서 사모하는 그것이라.

5 여호와께서 환난 날에 나를 그의 초막 속에 비밀히 지키시고 그의 장막 은밀한 곳에 나를 숨기시며 높은 바위 위에 누이시리로다.

6 이제 내 머리가 나를 둘러싼 내 원수 위에 들리리니 내가 그의 장막에서 즐거운 제사를 드리겠고 노래하며 여호와를 찬송하리로다.

7 여호와여 내가 소리 내어 부르짖을 때에 들으시고 또한 나를 긍휼히 여기사 응답하소서.

8 너희는 내 얼굴을 찾으라 하실 때에 내가 마음으로 주께 말하되 여호와여 내가 주의 얼굴을 찾으리이다 하였나이다.

9 주의 얼굴을 내게서 숨기지 마시고 주의 종을 노하여 버리지 마소서 주는 나의 도움이 되셨나이다. 나의 구원의 하나님이시여 나를 버리지 마시고 떠나지 마소서.

10 내 부모는 나를 버렸으나 여호와는 나를 영접하시리이다.

11 여호와여 주의 도를 내게 가르치시고 내 원수를 생각해서서 평탄한 길로 나를 인도하소서.

12 내 생명을 내 대적에게 맡기지 마소서. 위증자와 악을 토하는 자가 일어나 나를 치려 함이니이다.

13 내가 산 자들의 땅에서 여호와의 선하심을 보게 될 줄 확실히 믿었도다.

14 너는 여호와를 기다릴지어다. 강하고 담대하며 여호와를 기다릴지어다.

이 시편이 말하는 주장과 탄원은 많은 원수들을 염두에 두었다. 만약 다윗이 이 시편의 저자라면(의문을 제기해야 할 뚜렷한 이유는 없어 보이나), 묘사되는 상황은 사울의 추격 혹은 압살롬의 난일 수 있다. 경우야 어떻건, 원수들은 '악인'(2절)이고 정의로운 그를 핍박하고 있다. 물리적인 폭압과 중상모략으로 시인에게 해를 입히려 한다(12절). 시인은 이들을 그를 발기발기 찢으려는 야수에 빗대고 있다(2절).

## 하나님을 신뢰함 (1-7절)

이 시편은 구약성경에서 가장 숭고한, 하나님 백성의 안전에 관한 선언으로 시작한다. 여호와는 '나의 빛'으로 나를 이끄시고, '나의 구원' 되시어 나를 돕고, '내 생명의 능력이시니' 그 안으로 내가 피난한다. "내가 누구를 두려워하리요." 이는 로마서 8장 말미에 나오는 질문을 생각나게 하는, 이의를 달 수 없는 질문이다. 다윗의 원수들이 그를 공격하게 놔두라, 그들은 "실족하여 넘어"질(2절) 것이다. 군대가 그를 치기 위해 전쟁에 나설지라도 그는 태연할 것이다(3절).

원수들에게 둘러싸인 그리스도인들은 이 시어에서 힘을 얻어왔다. 그중 한 사람이 적도 아프리카 초대 주교인 제임스 해닝튼James Hannington이다. 그는 1885년 10월 빅토리아 호수로 향하던 중 사로잡혀 투옥되었다. "고열에 시달리고, 때로 고통에 의식을 잃었으며, 해충에 뜯기고, 다가오는 죽음의 위협에 몸을 떨었지만, 시편에서 힘을 얻었다." 순교하기 하루 전인 10월 28일, 그는 일기에 이렇게 썼다. "나는 산산이 부서졌고 내팽개쳐졌다. 그러나 시편 27편으로 위안을 받았다."

많은 원수에 맞선 한 사람의 끈기 있는 확신이 더 자세히 설명된다. 이 확신은 하나님의 임재와 보호 안에 있다. 다윗은 다른 어떤 것보다도 한 가지 바람을 앞세운다. 즉 "평생에 여호와의 집에 살"고자 하는 것이다. 그리

| 벧 구브린에서 남쪽으로
| 1.5킬로미터 떨어진 마레사의 동굴

하여 "여호와의 아름다움을 바라보"거나, 여호와의 다정함을 만끽하고, "그의 성전에서 사모"하고자 한다(4절).

이 열망을 글자 그대로 해석해야 하는 것 같지는 않다. 오직 제사장들만이 하나님 집이 있는 구역에 살았다. 여기서의 집이 실로의 장막이든 시온 산이든 관계없다. 다윗은 레위 지파가 아니라 유다 지파의 후손이었기에 제사장직을 취할 수 없었다. 따라서 이 구절은 비유적으로, 다시 말해 하나님의 영광을 예배하고 그분의 뜻을 분별하기 위하여 하나님과 깰 수 없는 친교를 나누고자 하는 고상한 열망으로 해석해야 한다. 하나님의 집을 언급한 비슷한 구절인 시편 23편 5-6절과 비교하라.

다윗이 자신의 구원을 확신한 것은 이와 같이 하나님 안에 거하는 삶을 통해서였다. 장막이 작열하는 태양으로부터 나그네에게 쉴 곳을 주고, 홍수에 높은 바위가 안전한 처소가 되는 것과 마찬가지로, 하나님께서 '환난 날'에 그를 보호하신다(5-6절). 그는 이러한 구원으로 인해서 그의 장막(이번에는 글자 그대로의 장막이다)에서 제사를 드리며 노래할 것이다(6절).

### 하나님께 호소함 (8-14절)

갑자기 모든 것이 달라진다. 동사가 3인칭에서 2인칭으로 바뀌고, 진술에서 기도로 바뀐다. 분위기도 달라진다. 확신에 찬 선언이 물러가고 하나님께 올리는 안타까운 기원이 나온다. 너무 갑작스럽고 완벽한 변화인 까닭에 어떤 주석가들은 이 시편의 전·후반부를 각각 다른 시인이 썼거나, 같은 시

**다윗이 피신했던 엔게디**
장막이 작열하는 태양으로부터 나그네에게 쉴 곳을 주고, 홍수에 높은 바위가 안전한 처소가 되는 것과 마찬가지로, 하나님께서 '환난 날'에 그를 보호하신다.

인이라도 최소한 다른 사건과 상황에서 작시했다고 주장한다. 그러나 급변하는 영혼의 상태, 신앙의 밀물과 썰물, 그리고 찬양과 기도가 번갈아 가며 솟구치는 일에 관해 아는 사람에게는 이러한 이중설이 필요가 없다.

다윗은 하나님의 귀뿐 아니라 얼굴도 구하기 위하여 기도한다(7-8절). 그는 하나님의 초대에 용기를 내어 이렇게 한다. 하나님이 "내 얼굴을 찾으라 하실 때", 그의 마음이 반응하여 "내가 주의 얼굴을 찾으리이다"라고 대답한다(8절). 진정한 기도는 하나님께 억지로 나아가는 것이 아니라 그분의 은혜로운 이끄심에 대한 반응이다. 다윗으로 하여금 "주의 얼굴을 내게서 숨기지 마시고"(9절)라고 말하게 한 것은 이러한 확신이다. 자신의 죄가 하나님의 분노를 격발하는 것을 알고 있는 듯 보이지만, 과거에 그를 도우신 하나님이 그를 끊어버리지 않으실 것을 확신한다(10절). 심지어 부모가 그를 버린 그때에도 이렇게 말한다. "여호와는 나를 영접하시리이다"(10절). 어떤 주석가는 이 구절을 '나를 그분의 자녀로 입양하시리이다'라고 새겼다. 구약성경에 나오는 하나님의 사랑은 아버지 혹은 어머니의 자애로움에 비교되며, 비슷한 구절로는 시편 103편 13절과 이사야서 49장 15절, 63장 16절이 있다.

잊히지 않으려는 소극적인 기도는 인도를 구하는 적극적인 탄원으로 이어지고, 그의 발걸음은 평탄하게 인도를 받는다. 그는 대적의 뜻대로 되는 일이 없도록(12절) '주의 도'를 배우기를 갈망한다(11절).

이 시편은 시작과 마찬가지로 침착한 확신 속에서 끝난다. 시인은 어두움의 터널을 막 빠져나왔다. 그의 믿음은 몹시 지쳤지만, 마침내 승리한다. "내가 산 자들의 땅에서 여호와의 선하심을 보게 될 줄 확실히 믿었도다"(13

절). 믿음의 눈으로 여호와의 아름다움을 보려고 애타게 갈망하던 자가(4절), 자신이 죽기 전에, 삶의 정황에 드러난 여호와의 선하심을 보리라고 확신하는 것이다. 이 확신은 너무도 견고하여 시인은 다른 사람들에게도 "여호와를 기다릴지어다"(14절)라고 호소한다. 다시 말하자면 인내심을 가지고 여호와를 신뢰하라는 것이다. 사람들에게 "강하고 담대하"라는(14절) 권유만으로는 충분하지 않다. 이러한 말들은 "여호와를 기다릴지어다"라는 명령을 따르지 않는다면 공허한 메아리가 되고 만다. 용기조차도 스토아 철학에서 말하는 하나의 덕목에 그칠 수도 있다. 용기가 하나님을 잠잠히 신뢰하는 마음의 열매일 때, 신앙적인 가치를 갖는 것이다.

### 묵상을 위한 질문

- 생명을 위협받는 상황에서도 화자가 "나는 여전히 태연하리로다"라고 말하는 까닭은 무엇인가?
- 적대적인 환경에서 도우심을 간구하는 탄원의 기도를 드리는 시편 기자는 마지막 절에서 "여호와를 기다릴지어다" 하고 선포한다. 당신이 더욱 인내하면서 하나님이 간섭하시기를 기다려야 하는 삶의 문제는 무엇인가?

# PSALM 29

**시편 29편**

## 여호와의 소리

—

1 너희 권능 있는 자들아 영광과 능력을 여호와께 돌리고 돌릴지어다.
2 여호와께 그의 이름에 합당한 영광을 돌리며 거룩한 옷을 입고 여호와께 예배할지어다.
3 여호와의 소리가 물 위에 있도다. 영광의 하나님이 우렛소리를 내시니 여호와는 많은 물 위에 계시도다.

4 여호와의 소리가 힘 있음이여 여호와의 소리가 위엄차도다.

5 여호와의 소리가 백향목을 꺾으심이여 여호와께서 레바논 백향목을 꺾어 부수시도다.

6 그 나무를 송아지같이 뛰게 하심이여 레바논과 시룐으로 들송아지같이 뛰게 하시도다.

7 여호와의 소리가 화염을 가르시도다.

8 여호와의 소리가 광야를 진동하심이여 여호와께서 가데스 광야를 진동시키시도다.

9 여호와의 소리가 암사슴을 낙태하게 하시고 삼림을 말갛게 벗기시니 그의 성전에서 그의 모든 것들이 말하기를 영광이라 하도다.

10 여호와께서 홍수 때에 좌정하셨음이여 여호와께서 영원하도록 왕으로 좌정하시도다.

11 여호와께서 자기 백성에게 힘을 주심이여 여호와께서 자기 백성에게 평강의 복을 주시리로다.

**헐몬 산**
높이가 2,800미터가량 되는, 이스라엘에서 가장 높은 봉우리인 헐몬 산은 연중 대부분 정상에 눈이 덮여 있다.

격렬한 뇌우는 대부분의 사람들에게 두려움을 일으킨다. 그러나 이 히브리 시인에게는 그렇지 않았다. 그는 우레를 하나님의 영광이 펼쳐지는 것으로 보았다. 그는 하나님이 비와 바람을 통제하신다고 확신한다. 그리고 과감하게 신인동형설神人同形說을 채택하여 천둥을 여호와의 소리라고 말한다. 시인의 말을 곧이곧대로 들을 필요는 없지만, 다른 시편에도 이런 표현이 나타난다. 바람을 여호와의 '숨결'이라 하고, 하늘을 그의 '손가락'이 펼친 작품이라 하며, 동물들이 그분의 펼친 '손'으로 먹는다고 말한다(예. 시 147:18; 8:3; 104:28). 이런 것들은 세상에서 펼쳐지는 활동을 표현하는 극적인 표현법이다.

### 여호와의 소리

시인은 뇌우가 퍼붓는 과정을 그려내고 있는 것으로 보인다. 뇌우는 팔레스타인의 북부(5-6절, 레바논과 시룐, 혹은 헐몬 산)에서 일어 남쪽 가데스 광야까지 맹렬하게 몰아친다(8절). 어떤 작가는 일곱 번이나 언급되는 '여호와의 소리'란 산촌을 뒤흔들며 '연속하여 내리꽂히는 천둥의 굉음'이라고 말한다. 시음에 이 소리는 물 위 (3절)에서 들려오는데, 힘 있고 위엄찬(4절) 하늘의 비구름을 뜻하는 것 같다. 천둥은 점점 가까이 오고, 이어서 쏟아지는 폭풍우는 큰 피해를 가져온다. 하늘을 찌를 듯한 '레바논 백향목'이 꺾여 쓰러진다. 산이 "송아지같이 … 들송아지같이"(5-6절) 뛰어오른다. 천둥의 괴성은 낙뢰의 섬광과 함께 온다(7절). 사슴이 조산早産을 하고, 산림은

광풍에 벌거벗겨진다(9절). 하나님의 선명한 임재 앞에 온 땅이 그분의 성전이 된 듯하다. 경외감에 사로잡힌 모든 것들이 '영광'을 외친다.

### 여호와의 영광

이 시편은 여러 자연 시편들 가운데 하나다. 그러나 시인이 그저 자연의 아름다움을 시적으로 묘사하고 만다고 생각한다면 큰 실책이다. 그의 세계관은 본질적으로 하나님 중심이다. 그가 태양과 별들(시 8편, 19편), 우레와 낙뢰(시 29편), 새와 짐승들(시 104편)에 관심을 갖는 유일한 이유는, 그것들이 하나님의 위대하심과 선하심을 전하고 있기 때문이다. 시편 29편의 서론과 결론은 이 점을 명확하게 하고 있다.

서론에서는 "권능 있는 자들"을 불러 주권을 하나님께 돌리라 한다(1-2절). 이 "권능 있는 자들"은 시편 89편 6절, 욥기 1장 6절과 2장 1절, 38장 7절에 잘 나타나 있듯, 천사를 일컫는다. 그들은 "여호와께 그의 이름에 합당한 영광을 돌"린다(2절). 그분은 영광의 하나님이시며, 그 영광은 뇌우의 꼼짝 못하게 하는 힘에 일부가 나타난다.

서론이 하늘의 천사들에게 하나님을 경배하라는 권유라면, 동일하신 하나님이 땅 위의 백성에게 복을 주시리라는 기도가 결론이다. 그분의 권능은 묻지 않아도 알 수 있다. 그분은 '홍수 때에' 보좌에 앉으셔서 '영원하도록 왕으로' 다스리신다(10절). 뇌우에 대해 말하다가 사람들이 받는 복으로 옮겨가는 대목이 중요한데, 왜냐하면 유대인들은 자연과 은혜를 이분법

여호와의 소리가 백향목을 꺾으심이여
여호와께서 레바논 백향목을 꺾어 부수시도다 (시 29:5).

적으로 나누지 않았기 때문이다. 우레 속에 계시는 하나님이 이스라엘의 하나님이시다. 비와 바람을 관장하시듯이 인간과 민족들의 만사를 주관하신다. 성소는 예루살렘에만 있지 않다. 왜냐하면 산림과 광야가 그분이 예배받으시는 성전이기 때문이다. 뇌우는 이교적인 현상이 아니다. 여호와께서는 시내 산에 우레와 번개가 내리칠 때에 언약 백성에게 자신을 드러내지 않으셨던가?(출 19:16; 20:18) 그러나 우레 가운데서 들려오는 그분의 목소리가 폭우를 그치게 하시고, 지진에서 들려오는 미세한 음성으로도 자신을 알리신다(왕상 19:11-12). 그래서 그분은 자기 백성에게 '힘'뿐 아니라 '평강'을 주실 수 있다(10절).

### 묵상을 위한 질문

- 오늘 하나님께 마땅히 드려야 할 '합당한 영광'을 드렸는가?
- 이 시에서는 '여호와의 소리'가 7번이나 반복되는데, '여호와의 소리'가 나에게는 어떻게 들려지고 보이는가?
- 우레 속에 계시며 비와 바람을 관장하시는 분이 우리에게 '힘'을 주시며 '평강의 복'을 주신다(11절). 그분께 어떻게 감사할 것인가?

# PSALM 32

**시편 32편**
하나님의 용서와 인도

—

1 허물의 사함을 받고 자신의 죄가 가려진 자는 복이 있도다.

2 마음에 간사함이 없고 여호와께 정죄를 당하지 아니하는 자는 복이 있도다.

3 내가 입을 열지 아니할 때에 종일 신음하므로 내 뼈가 쇠하였도다.

4 주의 손이 주야로 나를 누르시오니 내 진액이 빠져서 여름 가뭄에 마름같이 되었나이다. (셀라)

5 내가 이르기를 내 허물을 여호와께 자복하리라 하고 주께 내 죄를 아뢰고 내 죄악을 숨기지 아니하였더니 곧 주께서 내 죄악을 사하셨나이다. (셀라)

6 이로 말미암아 모든 경건한 자는 주를 만날 기회를 얻어서 주께 기도할지라. 진실로 홍수가 범람할지라도 그에게 미치지 못하리이다.

7 주는 나의 은신처이오니 환난에서 나를 보호하시고 구원의 노래로 나를 두르시리이다. (셀라)

8 내가 네 갈 길을 가르쳐 보이고 너를 주목하여 훈계하리로다.

9 너희는 무지한 말이나 노새같이 되지 말지어다. 그것들은 재갈과 굴레로 단속하지 아니하면 너희에게 가까이 가지 아니하리로다.

10 악인에게는 많은 슬픔이 있으나 여호와를 신뢰하는 자에게는 인자하심이 두르리로다.
11 너희 의인들아 여호와를 기뻐하며 즐거워할지어다. 마음이 정직한 너희들아 다 즐거이 외칠지어다.

이 시편의 마지막 두 구절은 이 시의 머리글 노릇을 한다. 이 두 구절은 의인과 악인, 즉 신자와 불신자라는 익숙하고도 양보 없는 성경의 대조를 따르고 있다. 여기 언급된 두 부류 사이의 차이는 "악인에게는 많은 슬픔이 있으나"(10절), 의인은 "기뻐하며 즐거워"(11절) 할 수 있다는 것이다. 그리고 신자가 즐거워하는 근거가 하나님의 "인자하심이 두르"기(10절) 때문임을 분명히 밝히고 있다. 인간의 즐거움은 하나님의 사랑에서 나온다. 이 시편의 나머지 부분은 죄인의 용서와 인도가 어떻게 펼쳐지는지 보여준다.

## 과거를 용서하시는 하나님(1-7절)

이 시편은 구약성경의 두 가지 지복至福으로 시작된다. 하지만 여기서 이야기하려는 것은 하나님의 율법을 즐거워하는 사람의 복됨이 아니라 그의 죄를 용서받은 사람의 복됨이다(1-2절).

우선, 죄와 용서의 사실이 진술되고 있는데, 각 경우마다 세 가지 표현이 따라 붙는다. '허물'은 과실이다. 적극적인 위반을 말한다. 알고 있는 경계선을 넘어 들어온 침입이다. '죄'는 소극적으로 과녁을 맞히지 못한 상태를 말한다. 누락, 이상에 도달하지 못한 실패이다. 그리고 '간사'는 내면적이고 도덕적인 변태 혹은 본성의 부패를 말하는 것으로, 다른 말로는 '원죄'라고도 한다.

  용서 역시 삼중적이다. 1절의 '사함을 받고'에 해당하는 히브리어는 '치워버림' 혹은 '들어내 버림'이라는 뜻이다. 또한 죄는 가려진다. 눈에 보이지 않도록 덮는 것이다. 따라서 여호와께서는 죄인을 향해 다시 죄를 들춰내지 않으신다. 그러므로 용서는 짐을 들어주고, 민망한 광경을 가려주고, 빚을 삭쳐주는 것이다. 사도 바울은 로마서 4장 6-8절에서 우리의 행위와

는 무관하게 믿음에 의한 하나님의 은혜로 죄인을 의롭다 불러주시는(칭의) 구약성경의 사례로 이 구절들을 인용한다.

다윗은 용서받는 일의 복됨에 관한 일반적인 진술에서, 죄의 고백을 거

**바닥을 드러낸 사해**
관개농업 등에 따른 유입량 감소로 면적이 크게 줄었다.

절하는 끔찍한 고통의 경험을 묘사하는 데로 옮겨 간다. 그는 '간사가 없'는(2절) 사람에 관해서 말했지만, 이제는 간사가 가져오는 아픈 결과에 대해서 기술한다.

여기서 언급된 것은 아마도 밧세바에 얽힌 수치스러운 사건을 두고 하는 말인 것 같다. 그가 선지자 나단의 사역을 통해 회개에 이른 것은, 밧세바와 간음을 저지르고 그 남편을 살해한 후 거의 1년 뒤이기 때문이다(삼하 11장). 이 기간에 다윗은 자신과 하나님을 속이려고 해보았지만, 마음에 평안이 없었다. '신심증psychosomatic'이라는 용어가 생기기도 한참 전에, 다윗은 후회막급함과 시달리는 양심이 만들어낸 위험한 신체적 증상을 말하고 있다(3-4절). 그러나 그는 자신의 죄를 숨기는 것을 마침내 포기하고 하나님 앞에서 죄를 인정하며, 용서를 통해서 평안을 얻는다(5절).

다윗의 회개와 고백을 통한 용서의 경험은 현재형이다. 이러한 경험 때문에 그는 다른 사람들에게 자기가 했던 일을 행하고, 자기가 받은 것을 받으라고 호소하는 것이다. 하나님을 만날 수 있을 때 그분께 겸손하게 기도하는 사람은 언제나 위험에서 구조된다(6절). 게다가 다윗은 그 자신이 이 일을 부단히 행하리라고 결심하고 있다(7절). 다윗은 이번 일을 통해 단단히 배웠으므로 다시는 같은 실책을 저지르지 않을 것이다.

## 미래를 이끄시는 하나님(8-9절)

자신을 보존하실 하나님에 대한 다윗의 신뢰는 즉각적으로 응답을 받는

**사해 근처에 자리한 쿰란 동굴**
주는 나의 은신처이오니 환난에서 나를 보호하시고
구원의 노래로 나를 두르시리이다(시 32:7).

다(5절). 하나님은 그를 개인적으로 인도하시겠다고 약속하신다. 오래 참으시는 사랑 안에서 그분은 과거를 용서하실 뿐 아니라 미래를 이끄신다. 하나님의 인도는, 용서와 마찬가지로 네 가지 동사로 표현된다. 내가 네 갈 길을 '가르쳐' '보이고' 너를 '주목하여' '훈계하리로다'(8절). 이 장면은 아이에게 걸음마를 가르치는 엄마를 연상시킨다. 엄마는 아기에게서 결코 눈을 떼지 않는다. 우리 하나님은 자기 백성에게 자애롭고 인자하시다.

그럼에도 불구하고, 8절에 이어 나오는 9절에 주목해야 한다. 하나님의 인도 약속이 곧 우리가 자신의 지성을 사용해야 하는 수고에서 벗어나게 된다는 말은 아니다. 하나님은 자신의 약속에 당부를 덧붙이신다. "너희는 무지한 말이나 노새같이 되지 말지어다. 그것들은 재갈과 굴레로 단속하지 아니하면 너희에게 가까이 가지 아니하리로다." 신경질적인 말과 고집 센 노새는 강압적으로 때려서 통제하고 이끌어야 한다. 이들에게는 지각이 없어서 그런 것이다. 그러나 우리에게는 지각이 주어졌다. 우리는 하나님께서 우리를 재갈과 굴레로 다루시도록 해서는 안 된다. 그분은 우리를 노새가 아니라 인간 존재로서 다루실 것이다.

하나님의 끝없는 사랑에 둘러싸여 있는 자, 하나님께 죄를 고백하고 용서받은 자, 그분의 약속을 신뢰하고 마음을 다하여 명령에 순종할 때 그 발걸음을 인도받게 될 자는 복이 있다.

**묵상을 위한 질문**

- 범죄한 후에 괴로워하는 시인의 모습이 어떻게 묘사되는가? 지금 나를 종일 신음하게 하는 죄악은 무엇인가?
- 시인은 자신의 죄악을 하나님께 고백한 후 거의 즉각적으로 용서의 확신을 얻고 이를 노래하기 시작한다. 회개하기 전과 후, 시인의 하나님 체험은 어떻게 달라지고 있는가?

# PSALM 34

**시편 34편**
## 하나님 자랑
—

1 내가 여호와를 항상 송축함이여 내 입술로 항상 주를 찬양하리이다.

2 내 영혼이 여호와를 자랑하리니 곤고한 자들이 이를 듣고 기뻐하리로다.

3 나와 함께 여호와를 광대하시다 하며 함께 그의 이름을 높이세.

4 내가 여호와께 간구하매 내게 응답하시고 내 모든 두려움에서 나를 건지셨도다.

5 그들이 주를 앙망하고 광채를 내었으니 그들의 얼굴은 부끄럽지 아니하리로다.

6 이 곤고한 자가 부르짖으매 여호와께서 들으시고 그의 모든 환난에서 구원하셨도다.

7 여호와의 천사가 주를 경외하는 자를 둘러 진 치고 그들을 건지시는도다.

8 너희는 여호와의 선하심을 맛보아 알지어다. 그에게 피하는 자는 복이 있도다.

9 너희 성도들아 여호와를 경외하라. 그를 경외하는 자에게는 부족함이 없도다.

10 젊은 사자는 궁핍하여 주릴지라도 여호와를 찾는 자는 모든 좋은 것에 부족함이 없으리로다.

11 너희 자녀들아 와서 내 말을 들으라. 내가 여호와를 경외하는 법을 너희에게 가르치리로다.

12 생명을 사모하고 연수를 사랑하여 복 받기를 원하는 사람이 누구뇨.

13 네 혀를 악에서 금하며 네 입술을 거짓말에서 금할지어다.

14 악을 버리고 선을 행하며 화평을 찾아 따를지어다.

15 여호와의 눈은 의인을 향하시고 그의 귀는 그들의 부르짖음에 기울이시는도다.

16 여호와의 얼굴은 악을 행하는 자를 향하사 그들의 자취를 땅에서 끊으려 하시는도다.

17 의인이 부르짖으매 여호와께서 들으시고 그들의 모든 환난에서 건지셨도다.

18 여호와는 마음이 상한 자를 가까이 하시고 충심으로 통회하는 자를 구원하시는도다.

19 의인은 고난이 많으나 여호와께서 그의 모든 고난에서 건지시는도다.

20 그의 모든 뼈를 보호하심이여 그중에서 하나도 꺾이지 아니하도다.

21 악이 악인을 죽일 것이라 의인을 미워하는 자는 벌을 받으리로다.

22 여호와께서 그의 종들의 영혼을 속량하시나니 그에게 피하는 자는 다 벌을 받지 아니하리로다.

이 시편이 가지고 있는 두드러진 특징 가운데 하나는 예배와 증거의 결합이다. 시인은 기도에 대한 응답으로 어떤 큰 위험으로부터 하나님에 의해 구출받았고, 그의 감사는 이제 찬양으로 끓어넘치고 있다. 그리고 다른 사람들을 향해서 여호와의 선하심을 직접 맛보고 경험하라고 초대한다. 그는 자신을 '여호와를 자랑'하는 사람이라 말한다(2절). 그는 자신의 구원을 여호와께 돌린다고 큰소리로 말하기 때문에 그의 말을 듣는 사람들 역시 하나님께 영광을 돌릴 것이다. 위대한 침례교 설교자인 스펄전C. H. Spurgeon은 이렇게 말했다. "첫 열 구절은 찬송이고, 나머지 열두 구절은 설교이다."

### 개인적인 경험(1-10절)

시인은 자신의 찬양이 끊이지 않고 이어질 뿐 아니라(1절), 회중들과 함께하는 것이라고 확고히 말한다(2-3절). 그의 영혼은 오로지 '여호와를 자랑'하기에, "곤고한 자들이 이를 듣고 기뻐"할 것임을 안다. 이런 자랑만이 낮아진 자들을 기쁘게 한다. 시인은 이어서 그와 함께 여호와를 높이자고 초대하는데(3절), 나중에는 그들 스스로가 여호와를 보면서 '광채를 내'라고(5절) 촉구한다.

그가 예배하는 이유, 그리고 다른 사람들에게 예배하라고 촉구하는 이유는 특별한 개인적인 경험 때문이다. 그는 이 경험을 통해서 하나님께 부르짖었고 '모든 두려움'(4절)과 '환난'(6절)에서 구원받았다. 6절이 말하는 '곤고한 자'는 시인 자신임에 틀림없다. 그러나 시인은 대체 어떤 상황에서 하나님이 그를 구출해내셨는지 우리에게 전하지 않는다.

그가 막 빠져나온 곤란이 어떤 것이건, 시인은 하나님이 자기를 위해서 행하신 것을 다른 사람을 위해서도 하실 수 있다고 확신에 차 있다. 그를 두렵게 하는 사람들을 '여호와의 천사'(구약성경의 표현으로 종종 하나님 자신의 임재를 나타낸다)가 포위하고 있다. 마치 군대가 도시를 보호하고 구출하기 위해 진을 친 모습과 같다(7절). 시인은 이 사실을 지극히 확신하고 있어서, 다른 사람들에게도 "여호와의 선하심을 맛보아 알"고(8절) "여호와를 경외하라"고(9절) 간청한다. "그를 경외하는 자에게는 부족함이 없"기(9절) 때문이다. '모든 야수 중 가장 강하고, 사냥에 가장 능한 짐승'으로 알려진 사자도 때로는 허기를 겪지만, 하나님을 의뢰하는 사람들은 "좋은 것에 부족함

**한낮에 갈릴리 호숫가에서 묵상하는 사람**
너희는 여호와의 선하심을 맛보아 알지어다. 그에게 피하는 자는 복이 있도다(시 34:8).

이 없"을(10절) 것이다.

　이 구절들에 자주 언급되는 '경외하다'는 더 생각해봐야 한다. 두려움에서 건지심(4절)은 여호와를 '경외'하는 자들에게 약속되어 있다(7, 9절). 이 진리는 이 시편을 부연한 테이트와 브래디Tate and Brady의 찬송가 〈삶의 변화 속에서Through All the Changing Scenes of Life〉에 단아하게 표현되어 있다.

성도들아 하나님을 경외하면
두려워할 것 무엇도 없으리
주를 섬김이 기쁨 되리니
너의 염려는 그가 맡아주시리

물론 하나님을 두려워한다는 것은 겁을 먹는다는 뜻이 아니라, 이 말과 대구를 이루는 말들, 즉 하나님께 '간구'하고(4절), 여호와께 '부르짖'으며(6절), 그분에게로 '피하는'(8절) 것을 의미한다. 다시 말해서 우리의 무기력함을 인정하고 그분에게서 구원을 찾는 것이다(참조. 눅 1:50).

### 일반적인 교훈 (11-22절)

시인은 여호와를 경외하여 특별한 구원을 받은 경험에서 일반적인 교훈을 뽑아낸다. 그는 잠언의 초기 장들에 나오는 전도자처럼 학동들을 불러 모아 적절한 주제를 선택하여 가르친다(11절). 학생들이 '연수를 사랑'(12절) 한다면, 여호와를 경외함이 믿음에서만이 아니라 행위, 즉 도덕적인 행동으로 나타나야 한다는 것이다. 말(13절)과 행위(14절)로 드러나는 악에서 떠

---

**엔게디에 있는 폭포**
생명을 사모하고 연수를 사랑하여 복 받기를 원하는 사람이 누구뇨.
네 혀를 악에서 금하며 네 입술을 거짓말에서 금할지어다 (시편 34:12-13).

나지 않은 사람이 하나님을 경외한다 말할 수 없다(참조. 욥 1:1, 잠 16:6). 악에서 떠나는 것만으로 부족하다. 우리는 선을 행하고 인내심을 가지고 화평을 추구해야 한다(14절).

15-18절에서는 의인에게 허락된 복들을 살펴 내려간다. 하나님을 경외하고, 악을 삼가고, 선을 행하는 것이 그것이다. 하나님의 눈과 귀는 의인을 향해 있다. 그러나 악인에게서는 얼굴을 돌리신다(15-16절). 그분은 의인의 부르짖음을 들으시고 건지신다. '마음이 상한 자'를 가까이 하시고 '중심으로 통회하는 자'를 건져내신다(17-18절).

이 말은 의인이 곤경에서 면제된다는 뜻이 아니다. 그 반대다. '의인은 고난이 많'다(19절). 그럼에도 불구하고 하나님께서는 자기 백성이 겪는 환난의 기한과 격심함을 줄여주신다. 그분은 자기 백성을 시련에서 건져내신다(19절). 그들은 자주 극심하게 상처를 입지만, 하나님께서는 그들의 뼈가 꺾어짐을 허용하지 않으신다(20절). 뼈가 꺾어진다는 것은 완전한 괴멸을 뜻하는 문학적인 표현인 것 같다(참조. 미 3:3). 바울의 말을 빌리면 이렇다. "우리가 사방으로 우겨쌈을 당하여도 싸이지 아니하며"(고후 4:8).

현실에서 이런 일이 일어나지 않는다고 우기는 불신자에게, 우리는 하나님이 자기 백성을 돌아보신다는 원리에 서서, 그저 이런 일이 진실로 일어난다고만 말할 수 있을 뿐이다. 더 나아가서, 악인과 의인의 운명은 영원한 심판에 의해 최종적으로 갈릴 것이다. "… [악인은] 벌을 받으리로다. … 그에게 피하는 자는 다 벌을 받지 아니하리로다"(21-22절).

**묵상을 위한 질문**

- '하나님을 두려워함'의 의미로 쓰인 동사를 4, 6, 8절에서 찾아보라. 내가 가지고 있던 '하나님을 두려워하다'의 의미와 다른가?
- 본문처럼 하나님을 열렬히 자랑하고 찬양한 적이 있는가? 없다면 이유는 무엇인가? 삶에서 하나님의 인도하심을 뼛속까지 체험하고 있는지 생각해보자.

# PSALM 40

**시편 40편**
## 수렁에서 건지시는 하나님
—

1 내가 여호와를 기다리고 기다렸더니 귀를 기울이사 나의 부르짖음을 들으셨도다.

2 나를 기가 막힐 웅덩이와 수렁에서 끌어올리시고 내 발을 반석 위에 두사 내 걸음을 견고하게 하셨도다.

3 새 노래 곧 우리 하나님께 올릴 찬송을 내 입에 두셨으니 많은 사람이 보고 두려워하여 여호와를 의지하리로다.

4 여호와를 의지하고 교만한 자와 거짓에 치우치는 자를 돌아보지 아니하는 자는 복이 있도다.

5 여호와 나의 하나님이여 주께서 행하신 기적이 많고 우리를 향하신 주의 생각도 많아 누구도 주와 견줄 수가 없나이다. 내가 널리 알려 말하고자 하나 너무 많아 그 수를 셀 수도 없나이다.

6 주께서 내 귀를 통하여 내게 들려주시기를 제사와 예물을 기뻐하지 아니하시며 번제와 속죄제를 요구하지 아니하신다 하신지라.

7 그때에 내가 말하기를 내가 왔나이다. 나를 가리켜 기록한 것이 두루마리 책에 있나이다.

8 나의 하나님이여 내가 주의 뜻 행하기를 즐기오니 주의 법이 나의 심중에 있나이다

하였나이다.

9 내가 많은 회중 가운데에서 의의 기쁜 소식을 전하였나이다. 여호와여 내가 내 입술을 닫지 아니할 줄을 주께서 아시나이다.

10 내가 주의 공의를 내 심중에 숨기지 아니하고 주의 성실과 구원을 선포하였으며 내가 주의 인자와 진리를 많은 회중 가운데에서 감추지 아니하였나이다.

11 여호와여 주의 긍휼을 내게서 거두지 마시고 주의 인자와 진리로 나를 항상 보호하소서.

12 수많은 재앙이 나를 둘러싸고 나의 죄악이 나를 덮치므로 우러러볼 수도 없으며 죄가 나의 머리털보다 많으므로 내가 낙심하였음이니이다.

13 여호와여 은총을 베푸사 나를 구원하소서. 여호와여 속히 나를 도우소서.

14 내 생명을 찾아 멸하려 하는 자는 다 수치와 낭패를 당하게 하시며 나의 해를 기뻐하는 자는 다 물러가 욕을 당하게 하소서.

15 나를 향하여 하하 하하 하며 조소하는 자들이 자기 수치로 말미암아 놀라게 하소서.

16 주를 찾는 자는 다 주 안에서 즐거워하고 기뻐하게 하시며 주의 구원을 사랑하는 자는 항상 말하기를 여호와는 위대하시다 하게 하소서.

17 나는 가난하고 궁핍하오나 주께서는 나를 생각하시오니 주는 나의 도움이시요 나를 건지시는 이시라. 나의 하나님이여 지체하지 마소서.

신자는 과거에 받은 축복의 기억으로 인해 눈앞에 닥친 시련을 이길 힘을 얻는다. 우리는 이전에 하나님의 신실하심을 경험했기 때문에, 그분을 잠잠히 신뢰할 용기를 얻는다. 이 시편은 구원에 대한 정교한 묘사로 시작해서 끊이지 않는 자비를 간구하며 끝난다.

## 구원의 기억 (1-10절)

시인은 '기가 막힐 웅덩이와 수렁'에 빠졌다. 적들에 의해 우물에 내려졌고 진흙탕에 빠졌던 예레미야(렘 38:1-13)처럼 글자 그대로 웅덩이와 수렁에 빠졌다고 단정할 필요는 없다. 웅덩이와 수렁은 죄 혹은 침울함이나 질병의 괴로운 경험을 상징한다. 시인은 아무것도 할 수 없다. 혼자 힘으로는 빠져나올 수 없다. 그는 여호와를 '기다리고 기다렸'다(1절). 그리고 이어지는 구절들은 하나님의 능하신 구원을 단계별로 소상히 소개한다. 하나님은 먼저 시인의 외침을 들으신다. 그리고 몸을 굽혀 그를 구덩이에서 꺼내신다. 그의 발을 안전한 바위 위에 두시고, 마지막으로 그의 입에 찬양의 새 노래를 두셔서, 많은 이들이 믿도록 하신다(1-3절).

이러한 구원 경험의 열매로 나타나는 몇 가지 결과들이 있다. 첫째는 예배(4-6절), 순종(7-9절) 그리고 증언(10-12절)이다. 그의 예배는 신자가 얼마나 복된지(4절) 그리고 하나님의 일하심과 그분의 생각이 셀 수 없이 많음을 선언하는 것으로 나타난다.

그러나 진정한 예배는 말로 하는 선포 그 이상이다. 제물을 드림보다도 더 큰 것이다. 이러한 예배는 도덕적인 순종의 삶으로 우리 자신을 드리는 것이나. (제사보다 순종이 우선이라는 선언에 관해서는 삼상 15:22, 사 1:10-17, 렘 7:21-26, 호 6:6, 미 6:6-8을 보라.) 순종은 두루마리 책, 곧 기록된 율법이 명령하는 바다. 순종은 하나님이 '통하게' 하신 '귀'에서 시작한다(6절). 문자적으로는 '뚫어' 그분의 뜻을 듣고 이해하게 하셨다는 것이다.

그러나 은혜의 하나님은 이보다 더한 것을 하신다. 그분이 책에 율법을

**기브온 성의 물 저장용 굴인 수갱과 나선형 계단**
나를 기가 막힐 웅덩이와 수렁에서 끌어올리시고 내 발을 반석 위에 두사
내 걸음을 견고하게 하셨도다(시 40:2).

적으셨기에 우리가 알고, 귀에 속삭여주셨기에 우리가 이해한다. 또한 우리 심장에 율법을 새겨주셔서 우리가 "주의 뜻 행하기를 즐기"게(8절) 하셨다. 그분의 모든 자녀에게서 각별히 나타나야 할 모습인 하나님의 뜻을 알고, 사랑하여 행함에 관한 진술은 성육신하신 아들 안에서 완전하게 성취된다. 히브리서 10장 5-9절 말씀이 이와 같다.

그러나 구원은 우리 안에서 영적 예배와 도덕적 순종이라는 경건한 반응만을 일으키지 않는다. 우리에게 형제들을 돌보아 그들 역시 하나님의 은혜에 관해 듣게 해야 한다고 가르친다. 그러므로 시인은 하나님의 "인자와 진리를 많은 회중 가운데에서 감추지 아니하"고 선포하겠다고 거듭 천명하고 있다(9-10절). 하나님이 우리의 발을 반석 위에 두고 그분의 율법을 우리의 귀와 심장에 두실 때, 우리의 입술은 그분의 선하심을 알리지 않을 수 없다.

### 현재의 도움을 구하는 기도 (11-17절)

시편 27편에서와 같이 시의 중간부터 확신에서 탄원으로, 하나님의 시련과 신리를 반복하는 데서 항상 그를 보호해달라는 간청으로 분위기가 바뀐다. 다시 한 번 시인은 위기와 슬픔에 빠진다. '수많은 재앙'이 그를 에워싼다. 이번에는 그 실체를 우리에게도 숨기지 않는다. "나의 죄악이 나를 덮치므로 우러러볼 수도 없"다(12절). 그 죄악은 너무 강해서 어떻게 해볼 수도 없고, 너무 많아서 헤아릴 수도 없다. 그는 낙심하였고(12절), 절망 가운데 구원해달라고 하나님께 부르짖는다(13절).

　이 시편은 두 부류의 '찾는 자'를 대조시키면서 끝난다. 내 생명을 찾아 멸하려는 자와 주를 찾는 자, 한마디로 경건한 자와 그렇지 않은 자이다. 경건하지 않은 자들은 경건한 자들을 핍박함으로써 그들의 경건치 않음을 고스란히 드러낸다. 그리고 시인은 세 번이나 그들을 타도해달라고 기도한다(14-15절). 그러나 하나님을 찾는 이들은 "주의 구원을 사랑하는 자"들이 고대하는 다른 운명, 즉 "여호와는 위대하시다"(16절)라고 말할 수 있는 경험을 바란다. 시인은 그런 무리 가운데 자신을 넣는다. 시인은 자기가 '가난하고 궁핍'하지만, 지금까지 그를 건져주신 여호와께서는 여전히 그를 돌보고 계시고, 또한 앞으로도 그를 건지실 것이라 믿는다(17절).

### 묵상을 위한 질문

- 하나님이 나를 기가 막힐 수렁에서 건지셨던 때는 언제인가? 그때의 기억은 오늘을 사는 나에게 어떤 의미가 있는가?
- 본문에는 구원의 은혜를 경험한 뒤에 자신의 많은 죄악에 낙심하고서 하나님께 원수들로부터 자신을 구해달라고 탄원하는 시적 자아가 등장한다. 나에게도 은혜를 경험한 뒤에 죄악에 빠진 일이 있는가? 나는 과거에 나를 구하신 하나님께서 다시 구원을 베푸실 것임을 믿고 간구하는가?

# PSALM 42, 43

**시편 42편, 43편**
영적 침체의 원인과 치료

—

**황량한 유대 광야의 모습**
하나님이여 사슴이 시냇물을 찾기에 갈급함같이 내 영혼이 주를 찾기에 갈급하니이다 (시 42:1).

42:1 하나님이여 사슴이 시냇물을 찾기에 갈급함같이 내 영혼이 주를 찾기에 갈급하니이다.

42:2 내 영혼이 하나님 곧 살아 계시는 하나님을 갈망하나니 내가 어느 때에 나아가서 하나님의 얼굴을 뵈올까.

42:3 사람들이 종일 내게 하는 말이 네 하나님이 어디 있느뇨 하오니 내 눈물이 주야로 내 음식이 되었도다.

42:4 내가 전에 성일을 지키는 무리와 동행하여 기쁨과 감사의 소리를 내며 그들을 하나님의 집으로 인도하였더니 이제 이 일을 기억하고 내 마음이 상하는도다.

42:5 내 영혼아 네가 어찌하여 낙심하며 어찌하여 내 속에서 불안해 하는가. 너는 하나님께 소망을 두라. 그가 나타나 도우심으로 말미암아 내가 여전히 찬송하리로다.

42:6 내 하나님이여 내 영혼이 내 속에서 낙심이 되므로 내가 요단 땅과 헤르몬과 미살 산에서 주를 기억하나이다.

42:7 주의 폭포 소리에 깊은 바다가 서로 부르며 주의 모든 파도와 물결이 나를 휩쓸었나이다.

42:8 낮에는 여호와께서 그의 인자하심을 베푸시고 밤에는 그의 찬송이 내게 있어 생명의 하나님께 기도하리로다.

42:9 내 반석이신 하나님께 말하기를 어찌하여 나를 잊으셨나이까. 내가 어찌하여 원수의 압제로 말미암아 슬프게 다니나이까 하리로다.

42:10 내 뼈를 찌르는 칼같이 내 대적이 나를 비방하여 늘 내게 말하기를 네 하나님이 어디 있느냐 하도다.

42:11 내 영혼아 네가 어찌하여 낙심하며 어찌하여 내 속에서 불안해 하는가. 너는 하나님께 소망을 두라. 나는 그가 나타나 도우심으로 말미암아 내 하나님을 여전히 찬송하리로다.

43:1 하나님이여 나를 판단하시되 경건하지 아니한 나라에 대하여 내 송사를 변호하시며 간사하고 불의한 자에게서 나를 건지소서.

43:2 주는 나의 힘이 되신 하나님이시거늘 어찌하여 나를 버리셨나이까. 내가 어찌하여 원수의 억압으로 말미암아 슬프게 다니나이까.

43:3 주의 빛과 주의 진리를 보내시어 나를 인도하시고 주의 거룩한 산과 주께서 계시는 곳에 이르게 하소서.

43:4 그런즉 내가 하나님의 제단에 나아가 나의 큰 기쁨의 하나님께 이르리이다. 하나님이여 나의 하나님이여 내가 수금으로 주를 찬양하리이다.

43:5 내 영혼아 네가 어찌하여 낙심하며 어찌하여 내 속에서 불안해 하는가. 너는 하나님께 소망을 두라. 그가 나타나 도우심으로 말미암아 내 하나님을 여전히 찬송하리로다.

이 시편의 주제(두 시편은 한 수의 시라는 것이 확연하게 드러난다)는 영적 침체의 원인과 치료이다. 시인의 영혼은 낙심하고 그의 안에서 불안해하고 있다(5절). 분명 이런 경험은 경건한 사람들에게도 희귀한 것만은 아니다. 많은 신앙 전기들이 이런 사례들을 숱하게 보여준다. 게다가 우리 주님께서도 "지금 내 마음이 괴로우니"(요 12:27), "내 마음이 심히 고민하여 죽게 되었으니"(막 14:34) 하고 넌지시 말씀하셨다.

시인이 자신의 상황을 그냥 넘어가지 않고 마치 후렴구처럼 세 번이나 자신의 낙담에 주의를 환기시키고 이어 하나님을 신뢰하라고 하는(42:5, 11; 43:5) 점은 감동으로 다가온다.

이 시편은 세 연으로 되어 있다. 각 연은 시인이 근심을 호소하는 것으로 시작한다. 그는 하나님 혹은 시를 접하는 사람들에게 호소한다. 그리고 시는 자신에게 독백하는 후렴구로 끝난다.

## 영적 침체의 원인

시인은 서두에서 자신이 무너져 내리지 않았고 다만 목마를 뿐이라고 한다. 그는 하나님이 목마르다. 마치 사슴이 사냥꾼에게 잡혔을 때 혹은 가뭄이 들었을 때 물을 찾는 모습이다. C. S. 루이스의 말을 빌리자면 시인은 "하나님을 향한 식욕"이 왕성하다. 이런 현상은 자연스럽고 정당하며, 모든 신자가 이러한 경험을 해야 마땅하다. 하나님이 "사모하는 영혼에게 만족을 주시며 주린 영혼에게 좋은 것으로 채워주"시지만(시 107:9; 비교. 37:8-9), 그분을 향한 우리의 배고픔과 갈증은 채워지는 듯 하다가도 다시 격렬해질 뿐이다(비교. 시 63:1-2).

그러나 이 경우 시인의 목마름은 두 가지 요소에 의해 더 심해진다. 첫 번째는 질문으로 표현된다. "내가 어느 때에 나아가서 하나님의 얼굴을 뵈올까"(2절). 이스라엘 백성은 일 년에 세 번 있는 주요 명절에 예루살렘을 방문하여 하나님께 나아가야 했다(참조. 출 23:17). 그런데 시인은 이렇게 할 수가 없었다. 두 번째 요소는 눈물이 매일 먹는 음식에 비유될 정도로 사람들이 쉬지 않고 그를 괴롭힌 점이다. "네 하나님이 어디 있느뇨"(3절). 그를 위안하실 하나님의 부재와 조롱하는 자들의 존재가 시인의 영혼이 소침해진 원인이다. 각 연은 이 이중의 주제로 돌아온다.

하나님으로부터 소외된 느낌이 드는 것은 억지로 성전과 예배에서 떨어져 있어야 하기 때문이다. 그는 팔레스타인 북부 지역에 있다. '미살 산'(6절)이 어디 있는지는 밝혀지지 않았지만, 헤르몬 산 인근에 있는 낮은 산인 것만은 분명하다. 그는 이렇게 멀리 떨어진 곳에서 '주의 거룩한 산'(43:3)을 기억하면서 다시 그곳에 가길 원한다. 그는 이전 예배의 순전한 기쁨을 아쉬워하며 그리워한다(4절).

42편에 '고라 자손의 마스길'(아마도 '교훈' 쯤에 해당하는 말인 듯)이라는 표제가 붙어 있기 때문에, 시인이 성전의 문지기, 경비병 그리고 음악가들이었던 고라(레위의 증손자)의 자손일 수도 있다는 주장이 제기되어왔다(대상 6:22-48; 9:17-32; 대하 20:19). 분명히 그는 여기서 목소리와 수금으로 하나님을 찬양하는 것에 대해 말하고 있다(42:11; 43:4). 그러나 지금은 유배 중이기 때문에 그렇게 할 수 없다. 그는 성전의 음악 대신 깊은 바다가 서로 부르는 듯한 폭포와 계곡의 물소리에 묻혔다. 이 장면은 그가 처한 환난을 상징적으로 보여준다. 그는 그것들을 자신을 휩쓴 "주의 모든 파도와 물결"(7절)이라고 말한다. 그는 밤낮으로 성전에서 드린 예배를 한 번 더 드리기를 간절히 바란다(8절).

시인은 세 번째 연에서 하나님께 빛과 진리를 보내달라고 기도한다. 빛과 진리는 광야에서 지표가 되는 것처럼 그를 다시 하나님의 산으로 무사히 돌아와 제단 앞에 머물게 한다. 그리하여 그는 거기서 기쁨과 즐거움의 하나님을 대면하고 예배한다(43:3-4). 그러나 이러한 감상은 그가 성전을 하나님을 뵐 수 있는 유일한 곳으로 여기고 있다는 뜻은 아니다. 이 시편이 유배 중에 하나님께 드리는 호소이기 때문에 이러한 감상이 나타나는 것이다. 시인은 과거, 중요한 절기마다 있는 회중 예배에서 경험했던 하나님과의 특별한 교감을 회복하기를 간절히 갈망한다.

그가 침체에 빠지는 두 번째 원인은 의심하며 쉬지 않고 물어대는 이방인들의 조롱이다. "네 하나님이 어디 있느뇨"(3, 10절). 그들은 볼 수 있고

**싯딤 나무의 잎과 가지**
내 영혼아 네가 어찌하여 낙심하며 어찌하여 내 속에서 불안해 하는가. 너는 하나님께 소망을 두라. 그가 나타나 도우심으로 말미암아 내가 여전히 찬송하리로다 (시 42:5).

만질 수 있는 신들을 섬기는 우상숭배자일 뿐이다. 그러나 살아 계신 하나님은 눈에 보이지 않으신다(2절, 참조. 시 115:2). 그래서 활약하지 않으시는 것처럼 보인다. 또 원수들에게 압제당하는 그분의 백성을 즉시 편들어주지 않으신다(시 79:10). 때문에 시인은 더욱 자신이 잊힌 존재라고 생각한다(9절). 그의 영혼은 너무나 예민해서 조롱하는 자들이 던지는 비수가 그의 몸에 씻을 수 없는 상처가 된다(10절). 그는 주님께 변호와 구원을 간구한다(43:1).

시인에게 의기소침, 아니 절망을 안겨 준 것은 겹겹의 환경이다. 사람들은 살아 계신 하나님을 믿는 그의 신앙을 비웃고, 그들이 조롱하는 살아 계신 하나님은 무관심하고 멀리 계신 듯하다.

## 영적 침체의 치유

시인은 각 연에서 슬픔에 가득 찬 탄식을 읊는다. 각 연은 똑같이 아름다운 후렴구로 끝을 맺는다(42:5, 11; 43:5). 시인이 어떤 독백을 하는가를 눈여겨봐야 한다. 그는 자신의 감정에 지지 않고, 스스로를 추스른 후 침체에 빠진 자신을 꾸짖는다. 그는 무거운 짐 때문에 자신의 영혼이 가라앉고, 놀이 이는 바다와 같이 내면적으로 불안해한다는 것을 깨닫는다(46:3). 왜 그런가? 그는 스스로에게 묻는다. 반복되는 자문自問에는 은근한 꾸짖음이 있다. 시인은 질문에 대답하거나 변명을 늘어놓기보다는, 즉시 처방을 찾아낸다. 하나님을 신뢰하고 '소망'을 두어야 한다는 것이다. 그는 자기성찰과

연민, 아쉬움에 찬 회상, 원수의 조롱으로 인한 고통스러운 후회를 버린다.

침체를 치료하는 약은 우리의 비애를 들여다보는 것도, 과거를 기억하는 것도, 문제를 붙들고 끙끙거리는 것도 아니다. 해답은 언제나 살아 계신 하나님에게서 나온다. 그분은 우리의 도움이시고 우리의 하나님이시다. 우리가 그분을 신뢰한다면, 다시 찬양할 이유를 발견하게 될 것이다. 어떤 작가는 이렇게 요약했다. "믿음은 낙담을 나무라고 소망은 절망을 이긴다."

내 영혼아, 왜 불안해하고 낙심하는가

소망을 가져라, 그리고 노래하라

너의 하나님을 찬양하라

너의 날들은 영원한 샘물 같으리

_테이트와 브래디Tate and Brady, 1696

### 묵상을 위한 질문

- 사슴이 시냇물을 갈급함 같이 내 영혼은 지금 하나님의 얼굴과 영광을 보고자 갈급한가?
- 시편 기자의 영적 침체 원인은 무엇인지 본문에서 찾아보고, 나의 영적 침체 원인과 비교해보라.
- 믿지 않는 자들의 조롱은 어떻게 믿는 자들을 영적 침체에 빠트리는가?
- 우리의 낙심과 불안은 어떻게 극복될 수 있는가?

# PSALM 46
**시편 46편**
## 하나님이 우리와 함께하신다

1 하나님은 우리의 피난처시요 힘이시니 환난 중에 만날 큰 도움이시라.

2 그러므로 땅이 변하든지 산이 흔들려 바다 가운데에 빠지든지

3 바닷물이 솟아나고 뛰놀든지 그것이 넘침으로 산이 흔들릴지라도 우리는 두려워하지 아니하리로다. (셀라)

4 한 시내가 있어 나뉘어 흘러 하나님의 성 곧 지존하신 이의 성소를 기쁘게 하도다.

5 하나님이 그 성 중에 계시매 성이 흔들리지 아니할 것이라. 새벽에 하나님이 도우시리로다.

6 뭇 나라가 떠들며 왕국이 흔들렸더니 그가 소리를 내시매 땅이 녹았도다.

7 만군의 여호와께서 우리와 함께하시니 야곱의 하나님은 우리의 피난처시로다. (셀라)

8 와서 여호와의 행적을 볼지어다. 그가 땅을 황무지로 만드셨도다.

9 그가 땅끝까지 전쟁을 쉬게 하심이여 활을 꺾고 창을 끊으며 수레를 불사르시는도다.

10 이르시기를 너희는 가만히 있어 내가 하나님 됨을 알지어다. 내가 뭇 나라 중에서 높임을 받으리라. 내가 세계 중에서 높임을 받으리라 하시도다.

11 만군의 여호와께서 우리와 함께하시니 야곱의 하나님은 우리의 피난처시로다. (셀라)

이 시편은 항상 마르틴 루터Martin Luther를 연상하게 한다. 그의 유명한 찬송시 〈내 주는 강한 성이요Ein' feste Burg ist unser Gott〉는 이 시편을 의역한 것이다. 마르틴 루터와 필리프 멜란히톤Philipp Melanchthon은 지독한 낙담이 찾아왔을 때 함께 이 찬송을 불렀고, 토머스 칼라일Thomas Carlyle은 이 시를 영어로 옮겨 영어권에 친숙한 찬송이 되게 했다. 이 시편은 자연과 역사의 격동 앞에서 하나님의 주권을 잠잠히 신뢰하는 아름다운 표현을 담고 있다.

역사적인 배경은 예루살렘이 이방 침입자들의 공격에서 극적으로 수복된 사건이다. '하나님의 성'(4절)은 앞서도 이러한 구출을 경험한 바 있다. 그러나 이 시편이 그려내고 있는 상황은 그 유비와 구절들이 이사야의 예언과 유사하여, 주전 701년 산헤립 군대의 패퇴를 암시하는 것 같다.

히스기야는 유대의 왕이었지만 산헤립의 신하였고, 조공을 바쳐야 했다. 히스기야가 반기를 들자, 아시리아의 대군이 막을 수 없는 바다의 파도처럼 남서 지역으로 쳐들어왔다. 예루살렘은 곧 포위됐다. 산헤립은 히스기야를 '새장 속의 새처럼' 압박하고 항복을 요구했다.

일촉즉발의 상황이다. 20년 전 산헤립의 선임자는 북쪽 사마리아의 수도를 질풍처럼 점령하고 이스라엘 땅에서 거민들을 쫓아냈다. 유다가 같은 운명에 처해 고통을 받았나. 히스기야는 사신에게 여호와의 말씀, "두려워 말라. … 내가 이 성을 지켜 구하리라"를 전한 이사야 선지자에게 달려갔다. 세속 역사가 헤로도토스Herodotos의 증언처럼 극적으로 하나님께서 개입하셨다. "이 밤에 여호와의 사자가 나와서 앗수르 진영에서 군사 십팔만 오천 명을 친지라 아침에 일찍이 일어나 보니 다 송장이 되었더라"(참조. 왕하 18-19장).

이 시편은 세 부분으로 나누어진다. 처음에는 하나님의 권능과 섭리를

**천연 요새 마케루스**
기원전 2세기에 건설되었다가 헤롯 대왕이 재건했다.

신뢰하는 마음을 내비친다. 이어서 도성의 구출에 얽힌 경험을 말하고, 마지막으로 하나님이 우주적인 평화의 왕국을 세우시리라는 확신을 펼친다. 두 번째와 세 번째 연은 "야곱의 하나님은 우리의 피난처시로다"(7, 11절)라는 후렴구로 장식되어 있다. 대칭의 필요를 생각하면 원작에는 같은 후렴구가 첫 번째 연에도 삽입돼 있었을 것이다. 후렴구는 하나님의 보호에 대한 선언이자, 우리의 요새가 되는 분이 바로 권능 있으신 '만군의 여호와'이시며 동시에 신실하신 '야곱의 하나님'임을 밝힌다. 그분은 엄숙한 언약으로 자기 백성과 함께하신다.

### 일반적인 신뢰 (1-3절)

시인은 "하나님은 우리의 피난처시요 힘이시니 환난 중에 만날 큰 도움이시라"고 선언한다. 시인이 저항하듯이 입을 열 수 있었던 것은 이 신뢰 때문이다. "우리는 두려워하지 아니하리로다." 지진, 폭우 그리고 폭풍 등 최악으로 보이는 천재지변은 스스로를 지킬 수 없는 사람의 마음에 공포를 일으키지만 우리를 두렵게 할 수는 없다(2-3절).

### 특별한 경험 (4-7절)

시인은 "바닷물이 솟아나고 뛰"노는(3절) 상황과 "한 시내가 있어 나뉘어 흘러 하나님의 성 곧 지존하신 이의 성소를 기쁘게 하"는 것을 대조적으로 언급한다(4절). 이 시내는 실로암 시내가 분명하다. 이사야는 잔잔히 흐르는 이 시내를 하나님의 조용하고, 은택을 끼치는 행위의 섭리를 보여주는 그림으로 삼았다(사 8:6). 이 상징은 에스겔(겔 47:1-12)과 요한(계 22:1-5)의 환상에서 다시 나타난다.

이 도성은 하나님의 은혜로운 통치 아래서 기쁨(4절)을 얻고, "하나님이 그 성 중에 계시매 성이 흔들리지 아니"한다(5절). 뭇 나라는 바다처럼 '떠들며' 왕국이 산들처럼 '흔들렸'지만(6절에서는 2-3절과 똑같은 동사를 쓴다), 하나님이 소리를 내시니 땅이 녹았다. 바꿔 말해서, 여호와의 소리 앞에서 아시리아 군대가 흩어져버린 것이다.

### 최종적인 확신 (8-11절)

시인은 이제 백성들을 청하여 하나님이 예루살렘을 보호하기 위해 결정적으로 개입하신 일, 원수의 땅을 황무지로 만드신 것을 보라고 한다(8절). 이 구출은 하나님이 마침내 모든 전쟁광들을 뒤엎으시고 자신의 왕국을 평화 속에서 세우실 그날에 대한 맹세요, 예고이다. "그가 땅끝까지 전쟁을 쉬게 하심이여 활을 꺾고 창을 끊으며 수레를 불사르시는도다"(9절). 이 환상은 창을 꺾어 쟁기를, 칼을 쳐서 보습을, 군화와 피 묻은 군복들을 땔감으로 사용하겠다는 이사야의 예언을 연상시킨다(사 2:4; 9:5).

평화의 보증자이신 하나님이 듣고 말씀하시자마자 평화의 약속이 수립

| 기원전 8세기경의 중무장한 앗수르 군대

된다. "너희는 가만히 있어 내가 하나님 됨을 알지어다"(10절). 아시리아를 뒤엎은 것은 그분의 음성이다(6절). 그리고 그분의 백성을 평안히 붙든 것 역시 그분의 음성이다. 그분은 영원히 하나님이시고, 이미 "세계 중에서 높임을 받으"셨다(10절, 현재형으로). 이 위엄 있는 선언이 그분 백성으로 하여금 이런 후렴구로 응답하게 한다. "만군의 여호와께서 우리와 함께하시니." 다시 한 번 이사야를 연상시키는 언어가 동원되어, 우리에게 임마누엘에 관한 위대한 예언을 상기시킨다. "하나님이 우리와 함께 계시도다"(사 7:14; 8:8, 10).

우리도 위기의 시대를 살고 있다. 옛 질서는 붕괴되었다. 150년 전에 시작된 사회혁명이 계속되고 점점 격심해지고 있다. 우리 귀에는 전쟁에 관한 소문이 들린다. 사람들의 마음은 두려움으로 물들어 있다. "우리는 두려워하지 아니하노라"(3절) 하고 말할 수 있는가? 그럴 수 있다. 다만, 이 시편이 주는 확신, "만군의 여호와께서 우리와 함께하"심(7절)을 믿을 때만 그럴 수 있다. 그래서 존 웨슬리는 임면 직전의 침상에서 이렇게 말했다. "무엇보다 다행인 것은, 하나님이 우리와 함께하신다는 것입니다."

### 묵상을 위한 질문

- 시인이 믿고 의지하는 하나님은 어떤 하나님인가? 하나님의 도우심과 권능이 어떻게 묘사되고 있는가?
- 나를 낙담케 하는 환난은 무엇인가? 나는 그러한 상황 가운데서 임마누엘의 하나님을 충분히 의지하고 있는가?

# PSALM 51

**시편 51편**
뉘우치는 자를 향한 하나님의 자비
—

1 하나님이여 주의 인자를 따라 내게 은혜를 베푸시며 주의 많은 긍휼을 따라 내 죄악을 지워주소서.

2 나의 죄악을 말갛게 씻으시며 나의 죄를 깨끗이 제하소서.

3 무릇 나는 내 죄과를 아오니 내 죄가 항상 내 앞에 있나이다.

4 내가 주께만 범죄하여 주의 목전에 악을 행하였사오니 주께서 말씀하실 때에 의로우시다 하고 주께서 심판하실 때에 순전하시다 하리이다.

5 내가 죄악 중에서 출생하였음이여 어머니가 죄 중에서 나를 잉태하였나이다.

6 보소서 주께서는 중심이 진실함을 원하시오니 내게 지혜를 은밀히 가르치시리이다.

7 우슬초로 나를 정결하게 하소서 내가 정하리이다. 나의 죄를 씻어주소서 내가 눈보다 희리이다.

8 내게 즐겁고 기쁜 소리를 들려주시사 주께서 꺾으신 뼈들도 즐거워하게 하소서.

9 주의 얼굴을 내 죄에서 돌이키시고 내 모든 죄악을 지워주소서.

10 하나님이여 내 속에 정한 마음을 창조하시고 내 안에 정직한 영을 새롭게 하소서.

11 나를 주 앞에서 쫓아내지 마시며 주의 성령을 내게서 거두지 마소서.

12 주의 구원의 즐거움을 내게 회복시켜주시고 자원하는 심령을 주사 나를 붙드소서.

13 그리하면 내가 범죄자에게 주의 도를 가르치리니 죄인들이 주께 돌아오리이다.

14 하나님이여 나의 구원의 하나님이여 피 흘린 죄에서 나를 건지소서. 내 혀가 주의 의를 높이 노래하리이다.

15 주여 내 입술을 열어주소서. 내 입이 주를 찬송하여 전파하리이다.

16 주께서는 제사를 기뻐하지 아니하시나니 그렇지 아니하면 내가 드렸을 것이라. 주는 번제를 기뻐하지 아니하시나이다.

17 하나님께서 구하시는 제사는 상한 심령이라. 하나님이여 상하고 통회하는 마음을 주께서 멸시하지 아니하시리이다.

18 주의 은택으로 시온에 선을 행하시고 예루살렘 성을 쌓으소서.

19 그때에 주께서 의로운 제사와 번제와 온전한 번제를 기뻐하시리니 그때에 그들이 수소를 주의 제단에 드리리이다.


시편 46편이 하나님의 주권을 펼쳐보였다면, 51편은 그분의 자비를 드높인다. 하나님은 민족들 가운데서 높임을 받으시지만(시 46:10), 뉘우치는 자의 부서지고 아파하는 마음을 멸시하지 않으신다(17절).

우리가 '참회 시편'이라 부르는 일곱 수의 시 가운데 네 번째인 이 시편은 표제에서 다윗의 한심한 죄에 관해 언급한다. 그는 어느 봄날 오후, 왕궁의 지붕에서 밧세바라는 고혹적인 여인을 보았다. 그는 이 여자와 통간한 후, 남편인 히타이트 사람 우리아를 아모리 족속과 치열하게 싸우는 전쟁터로 보내 전사, 아니 살해당하게 하였다. 이후 다윗은 밧세바를 아내로 맞는 절차를 밟았다. 하나님이 선지자 나단을 보내셔서 그를 꾸짖으셨을 때에야,

죄책감을 느끼고 자신의 죄를 고백하며 자비를 애원했다. 사무엘하 12장 13절에서 한 그의 짧은 한마디, "내가 여호와께 죄를 범하였노라"가 이 시편에서 기도로 태어나게 되었다. 정결과 갱신을 위해 하나님의 자비를 구하는 이 기도는 이후로 뉘우치는 자의 언어가 되었다.

### 자비의 필요

우리는 죄의 중력에 끌려 떨어질 때에만 자비의 필요성을 절감한다. 시편 32편처럼, 1절과 2절은 다윗의 범죄를 보이기 위해 세 가지 다른 히브리어 단어를 사용하고 있다. 즉 '죄악'(경계의 침입), '죄'(목표에서 빗나감) 그리고 '죄과'(본성의 타락)가 그것이다(한글판 개역개정 성경에서 시편 32편의 세 단어는 각각 '허물', '죄', '간사'로 옮겨졌다—역주). 이 단어들 뒤에 있는 사고思考는 죄의 본질과 기원에 관한 중요한 인식을 보여준다.

죄의 본질은 하나님께 맞서는 반역이다. "내가 주께만 범죄하여 주의 목전에 악을 행하였사오니 주께서 말씀하실 때에 의로우시다 하고 주께서 심판하실 때에 순전하시다 하리이다"(4절). 다윗이 밧세바와 우리아, 그의 가족과 민족에게 죄를 지은 것은 맞다. 그러나 그 무엇보다도 그는 하나님의 사랑과 율법을 위반했다. 그는 탐냈고, 훔쳤고, 간음과 살인을 저질렀으며, 하나님의 공정하신 판결을 받게 되었다. 바울이 이 구절들을 인용하여, 인간을 다루시는 하나님의 양보 없는 정의를 높이는 모습을 로마서 3장 4절에서 확인할 수 있다. 우리에게 하나님의 자비가 필요한 까닭은 우리가 하나님의 판결을 받기 때문이다.

죄의 본질이 반역이라면, 그 기원은 우리의 타락한 심성이다. "내가 죄악 중에서 출생하였음이여 어머니가 죄 중에서 나를 잉태하였나이다"(5절). 물론 이 말은 임신과 출생의 과정 그 자체가 죄라는 뜻은 아니다. 인간 본성이 출생부터 죄에 감염됐다는 뜻이다. 우리의 본성은 부모로부터 온 것이기에, 자기중심성으로 몹시 뒤틀려 있다. 이것이 '원죄'인데, 다윗은 자신의 욕정, 질투, 잔인함 그리고 탐심이라는 죄의 열정이 그를 쓰러뜨리자 실체를 알게 된다.

**성금요일 예루살렘**
하나님이여 주의 인자를 따라
내게 은혜를 베푸시며 주의 많은 긍휼을 따라
내 죄악을 지워주소서(시 51:1).

우리는 우리 자신을 있는 그대로 보게 될 때, 즉 한편으로 하나님을 거슬러 반역해 그분의 심판 아래 있으며 다른 한편으로 타락한 본성의 포로가 된 자신을 보게 될 때, 비로소 다윗처럼 자신에게 절망하고 하나님께 자비를 구하며 부르짖게 된다.

### 자비가 드러남

하나님의 자비는 죄인의 필요를 채우기 위해 용서와 정결을 허락한다.

다윗은 용서를 구하면서 두 가지 생생한 유비를 사용하고 있다. 첫째, 그는 하나님께 "내 죄악을 지워주소서"(1, 9절) 하고 간청한다. 이 동사는 기장記帳된 내용을 지운다는 뜻을 내포하고 있다(예. 출 32:32). 그는 자신의 죄가 기소받은 범죄의 공소장 혹은 도저히 변제할 수 없는 부채 목록이라고 생각하는 듯하다. 그래서 항목들을 지워달라고 호소한다.

두 번째, 그는 자신이 죄로 더럽혀졌음을 인정하고 하나님이 자신을 말갛게 씻고 깨끗이 해달라고 기도한다(2절). 그의 검정 얼룩이 지워지고 '눈보다 희'어질(7절) 때까지 그리 해달라고 한다. 구약성경의 어떤 제사에서는 의식의 한 순서로 우슬초를 피 또는 물에 담갔다가 뿌렸다. 7절에 나오는 '우슬초'라는 단어는 정결함의 한 상징이다.

그러나 다윗은 용서뿐 아니라 정결함의 필요를 알고 있다. 하나님께서는 '중심이 진실함'(6절)을 요구하셨다. 그러나 다윗의 본성은 썩어 문드러져 있다(5절). 하나님의 창조하시는 권능만이 그를 새로운 인간으로 만드실 수 있다. 그래서 그는 이렇게 기도한다. "하나님이여 내 속에 정한 마음을 창조하시고 내 안에 정직한 영을 새롭게 하소서"(10절). 그는 새로운 본성, 새롭고 순전한 갈망을 간구하고, '정직한 영'(10절)과 '자원하는 심령'(12절)을 찾는다. 그는 아직 신약성경의 온전한 계시가 오기 전에, 새로운 본성과 영이 성령님 자신에 의해 그에게 부어질 수 있음(12절)을 알았다.

자비의 하나님이 그에게 깨끗한 양심과 정순한 마음을 주신다면, 그의 죄가 가져온 슬픔은 '즐겁고 기쁜 소리'(비교. 8절, 12절)로 바뀔 수 있다.

**보랏빛 꽃을 피운 우슬초**
우슬초로 나를 정결하게 하소서 내가 정하리이다. 나의 죄를 씻어주소서 내가 눈보다 희리이다 (시 51:7).

### 자비의 결과

이 시편의 마지막 부분(13-19절)은 깨끗케 하고 재창조하는 하나님의 자비를 경험하고 나서 따라오는 결과에 초점이 맞춰져 있다. 다윗은 다른 사람과 하나님을 향한 자신의 태도가 전과 같지 않을 것이라고 다짐한다.

첫째, 그는 다른 사람들에 대한 자신의 책임을 인정한다. 그는 사람들에게 죄를 지었다. 그러나 이제는 새롭게 사람들을 섬긴다. 죄악이 용서될 때, 그는 "범죄자에게 주의 도를 가르"침(13절)으로써 그분에게로 돌아간다. 그는 '피 흘린 죄'(14절)에서 건져주실 것을 기도한다. 다윗이 우리아의 피에 대해 죄가 있지만, 하나님께서는 그가 경계하여 가르치지 못한 죄인들의 피를 그의 손에서 찾지 않으시리라 확신하는 것인지도 모른다(참조. 겔 3:16-27; 33:1-20).

두 번째 책임은 하나님을 향한 것이다. 그는 증언뿐 아니라 예배에서도 자신의 입술을 사용한다. "주여 내 입술을 열어주소서. 내 입이 주를 찬송하여 전파하리이다"(15절). 하나님께서 원하시는 것은 제사 혹은 번제가 아니다. 제사가 전혀 하나님을 기쁘시게 하지 못한다는 뜻이 아니라, 다윗과 같은 죄인에게 가장 원하시는 종류의 제사는 상하고 통회하는 마음이라는 것이다. 따라서 그는 용서받고 찬양과 감사의 제사를 드릴 것이다(15절. 참조. 시 50:14, 23).

많은 주석자들이 마지막 두 절은 다윗이 쓰지 않았다고 말한다. 비록 비유적이기는 해도 18절에서 예루살렘 성벽의 재건에 대해 말하기 때문이다. 19절("번제를 기뻐하시리니")은 16절과 충돌을 일으키는 것으로 보인다("주께서는 제사를 기뻐하지 아니하시나니"). 그러나 모순은 표면적인 것에 불과하다. 이 가르침은 시편뿐 아니라 선지자들의 글 전체와도 일치한다. 이 말은 제사가 그 자체로 하나님께 받아들여지지 않는다는 뜻이 아니라, 그것이 통회하고 예배하는 마음 그리고 순종하려는 의지의 표현일 때에만 그분을 기쁘시게 할 수 있다는 뜻이다.

### 묵상을 위한 질문

- 죄에 대한 시인의 인식은 어떠한가? 용서와 회복에 대한 간구가 어떤 언어로 표현되고 있는가?
- 나에게도 해묵은 죄, 혹은 해결되지 않은 죄의식이 있는가? 오늘 시편을 작은 소리로 읊으면서 나 자신의 기도를 덧붙여 기도하라.

# PSALM 67

**시편 67편**
## 민족들에게 주시는 복

—

1 하나님은 우리에게 은혜를 베푸사 복을 주시고 그의 얼굴 빛을 우리에게 비추사 (셀라)
2 주의 도를 땅 위에, 주의 구원을 모든 나라에게 알리소서.
3 하나님이여 민족들이 주를 찬송하게 하시며 모든 민족들이 주를 찬송하게 하소서.
4 온 백성은 기쁘고 즐겁게 노래할지니 주는 민족들을 공평히 심판하시며 땅 위의 나라들을 다스리실 것임이니이다. (셀라)
5 하나님이여 민족들이 주를 찬송하게 하시며 모든 민족으로 주를 찬송하게 하소서.
6 땅이 그의 소산을 내어 주었으니 하나님 곧 우리 하나님이 우리에게 복을 주시리로다.
7 하나님이 우리에게 복을 주시리니 땅의 모든 끝이 하나님을 경외하리로다.

이 시편은 하나님이 주시는 복에 전심한다. 7절로 이루어진 짧은 시편에서 세 번씩이나 이 주제가 등장하고, 하나님이 우리에게 복 주시리라는 기도에 이어 그분이 정녕 그리하시리라는 선언이 나온다.

이런 성격 때문에 이 시편은 편안하게 느껴진다. 우리가 하나님의 축복을 빈번히 말하는 탓이기도 하리라. 누군가와 작별할 때 우리는 "하나님이 복 주시길 빌어God bless you"하고 말한다. 편지의 맺음말로도 쓰고, 심지어 누군가 재채기를 해도 이 말을 입에 올린다! 우리는 친한 사람들에게 하나님의 복을 빌어주기에 바쁘다. 축복을 바라는 마음을 표현할 기회를 결코 놓치지 않는다.

그렇다면 하나님의 복을 구한다는 건 어떤 의미인가? 이 시편의 언어는 참 아름답다. 왜냐하면 대제사장이 비는 복의 언어를 차용하고 있기 때문이다. 먼저는 하나님께서 모세에게 주셨고, 아론과 그의 자식들이 성막 예배에서 사용한 이 언어는 민수기 6장 24-26절에 기록돼 있다. "여호와는 네게 복을 주시고 너를 지키시기를 원하며, 여호와는 그의 얼굴을 네게 비추사 은혜 베푸시기를 원하며, 여호와는 그 얼굴을 네게로 향하여 드사 평강 주시기를 원하노라 할지니라 하라." 이 연구들은 예루살렘 성전 예배에서 정규적으로 사용되었고, 오늘날에도 그리스도인의 예배에서 사용되고 있다. 이 시편의 편린으로 보이는 흔적들이 다른 시편에서도 나타난다(예. 시 4:6; 29:11; 31:16; 80:3, 7). 따라서 아론의 옛 축복의 말 중 일부가 이 시편의 초석이고, 성전 의식에서 사용될 수 있도록 손을 본 것임이 틀림없다.

시편 67편은 우리가 자신을 위해 기도해야 하는 이유, 즉 "하나님이 우리에게 복을 주시리로다"라고 기도를 해도 이기적이지 않은 두 가지 이유를 가르쳐준다. 하나는 즉각적인 것이고 다른 하나는 좀 더 궁극적인 것이다.

부활하신 예수님께서 제자들에게 나타나신 것을 기념해 갈릴리 호숫가에 세운 교회 마당에서 한 수도사가 비질을 하고 있다.

## 하나님을 아는 지식

하나님이 우리에게 복을 주시는 첫 번째 이유는 우리를 통하여 그분의 구원이 모든 인류에게 알려지게 하시려는 것이다(1-2절). 이런 경우라면 하나님의 복을 구하는 이스라엘의 동기는 전혀 이기적이지 않다. 그들은 하나님께서 주신 복에 안주하려는 것이 아니라, 다른 사람들에게 복을 전하려 기도했다. 하나님이 그들에게 자비를 베푸시길, 그로써 민족들이 자비를 받고 그분의 길을 알며, 구원받는 은택을 알길 간절히 바라고 있다.

우리는 이스라엘이 자신과 하나님을 위해서 대담한 주장을 하고 있음을 기억해야 한다. 이스라엘은 자신들과 영원한 언약을 맺은 하나님의 특별한 백성임을 주장한다. 이스라엘은 민족들이 섬기는 죽은, 말 못하는 우상들을 기롱하고, 자신들의 하나님이 오롯이 살아 계시고 역사하시며, 참된 하나님이심을 선언하였다. 이로써 이스라엘의 이방 이웃들은 어리둥절해 하면서, 믿을 수 없다는 눈초리로 이스라엘을 지켜보았다. 그들은 이스라엘의 주장을 뒷받침할 만한 증거를 구하기 위해 "너희 하나님이 어디 있는가?" 하고 물었다. 그들은 하나님이 자기 백성을 위해서 하실 수 있는 일이 무엇인지, 어떤 놀라운 결과를 만들어낼 수 있는지 알 원했다. 이스라엘의 주장이 실제적으로 어떤 결과를 가져오는지 확인하려는 것이다.

이런 연유로 이스라엘은 "하나님은 우리에게 은혜를 베푸사 복을 주시고"(1절)라고 기도한다. 아론의 축복이 현실이 되어 하나님의 자비가 그들에게 허락된다면, 하나님이 그들에게 각별히 복 주시어 자애로운 얼굴이 그들에게로 향하고 언제나 함께하신다면, 민족들은 무엇을 볼 것인가? 하나님의 존재, 활동 그리고 은혜를 눈으로 보게 되지 않겠는가? 그렇게 되면 민족들은 그분의 길과 구원을 알고, 하나님이 정의로 다스리시고 자기 백성을 양 떼처럼 이끄심을 알게 될 것이다(4절).

동일한 원리가 오늘날에도 작용한다. 불신자들은 우리를 지켜보고 있다. 우리는 예수 그리스도를 알고 사랑하고 따른다. 그분이 우리의 구주이자 주님, 친구라고 말한다. 세상은 미심쩍은 눈초리로 "그러면 그가 신자라 하는 자들에게 어떤 차이를 만들어내고 있는가?", "그들의 하나님은 어디에 있는가?" 하고 묻는다. 오늘날 전도의 가장 큰 방해물은 교회가 자기 자신의 생명력과 하나님의 구원하시는 능력의 역사를 증거로 보여주지 못한 것이다. 우리가 하나님의 복과 자비를 받도록, 우리 자신을 위해서 바르게 기도해야 한다. 그분의 은혜를 독점하고 은택의 햇빛에 그림자를 드리우는 것이 아니라, 다른 사람들이 우리를 통해 그분의 복과 아름다우심을 보도록, 그래서 우리를 통해서 그분에게 더 가까이 다가가도록 하는 것이다.

### 하나님을 예배함

3-5절은 이 시편의 다른 후렴구이다. 이 구절들은 왜 우리가 하나님의 복을 갈망하는지 다른 이유를 내세운다. 사람들이 그분을 알게 되는 것만이 그 이유는 아니다. 왜 우리는 사람들이 하나님을 알기를 원하는가? 자신의 유익 때문인가? 구원을 받고 싶은 마음 때문인가? 스스로가 하지 못한 일을 다른 사람들이 하길 원해서인가? 우리는 자신의 이기적인 목적 때문에

하나님의 복을 구하지 않는다. 그렇다면 다른 사람들이 그들 자신을 위해 복을 받기는 원하는가? 이것은 말이 되지 않는다.

민족들의 구원 너머에 있는 궁극적인 목적을 봐야 한다. 그것은 그들 또한 하나님을 예배하고 찬양하는 것이다. 우리는 그들이 자신을 위해 하나님을 아는 것이 아니라 하나님 때문에 하나님을 찬양하기 위해 구원받기를 바라야 한다. 모든 복음전도의 가장 큰 동기는 인간의 필요가 아니라 하나님의 영광이다. 그들이 구원을 받아야 하기 때문이 아니라, 그들이 하나님께 영광을 돌려야 하기 때문이다. 그분의 이름에 합당하도록 하나님을 영원히 인정하고 경외해야 하기 때문이다. 우리는 회심자가 예배자가 될 때까지 결코 만족할 수 없다.

**묵상을 위한 질문**

- 우리가 자신을 위해 복을 비는 기도를 드릴 수 있는 까닭은 무엇인가?
- 나는 하나님께 복 받은 사람인가? 받은 복을 통해 복을 주신 하나님을 드러내 보이고 있는지, 아니면 그림자를 어둡게 드리우고 있는지 생각해보자.
- 존 스토트에 따르면 복음 전도의 가장 큰 목적은 무엇인가? 나와 내가 속한 교회의 복음 전도는 하나님께 영광을 돌리는 데 그 목적이 맞추어져 있는가?

# PSALM 73

**시편 73편**
## 악인의 형통

―

1 하나님이 참으로 이스라엘 중 마음이 정결한 자에게 선을 행하시나

2 나는 거의 넘어질 뻔하였고 나의 걸음이 미끄러질 뻔하였으니

3 이는 내가 악인의 형통함을 보고 오만한 자를 질투하였음이로다.

4 그들은 죽을 때에도 고통이 없고 그 힘이 강건하며

5 사람들이 당하는 고난이 그들에게는 없고 사람들이 당하는 재앙도 그들에게는 없나니

6 그러므로 교만이 그들의 목걸이요 강포가 그들의 옷이며

7 살찜으로 그들의 눈이 솟아나며 그들의 소득은 마음의 소원보다 많으며

8 그들은 능욕하며 악하게 말하며 높은 데서 거만하게 말하며

9 그들의 입은 하늘에 두고 그들의 혀는 땅에 두루 다니도다.

10 그러므로 그의 백성이 이리로 돌아와서 잔에 가득한 물을 다 마시며

11 말하기를 하나님이 어찌 알랴. 지존자에게 지식이 있으랴 하는도다.

12 볼지어다. 이들은 악인들이라도 항상 평안하고 재물은 더욱 불어나도다.

13 내가 내 마음을 깨끗하게 하며 내 손을 씻어 무죄하다 한 것이 실로 헛되도다.

14 나는 종일 재난을 당하며 아침마다 징벌을 받았도다.

15 내가 만일 스스로 이르기를 내가 그들처럼 말하리라 하였더라면 나는 주의 아들들의 세대에 대하여 악행을 행하였으리이다.

16 내가 어찌면 이를 알까 하여 생각한즉 그것이 내게 심한 고통이 되었더니

17 하나님의 성소에 들어갈 때에야 그들의 종말을 내가 깨달았나이다.

18 주께서 참으로 그들을 미끄러운 곳에 두시며 파멸에 던지시니

19 그들이 어찌하여 그리 갑자기 황폐되었는가 놀랄 정도로 그들은 전멸하였나이다.

20 주여 사람이 깬 후에는 꿈을 무시함같이 주께서 깨신 후에는 그들의 형상을 멸시하시리이다.

21 내 마음이 산란하며 내 양심이 찔렸나이다.

22 내가 이같이 우매 무지함으로 주 앞에 짐승이오나

23 내가 항상 주와 함께하니 주께서 내 오른손을 붙드셨나이다.

24 주의 교훈으로 나를 인도하시고 후에는 영광으로 나를 영접하시리니

25 하늘에서는 주 외에 누가 내게 있으리요 땅에서는 주 밖에 내가 사모할 이 없나이다.

26 내 육체와 마음은 쇠약하나 하나님은 내 마음의 반석이시요 영원한 분깃이시라.

27 무릇 주를 멀리하는 자는 망하리니 음녀같이 주를 떠난 자를 주께서 다 멸하셨나이다.

28 하나님께 가까이 함이 내게 복이라. 내가 주 여호와를 나의 피난처로 삼아 주의 모든 행적을 전파하리이다.

하나님의 섭리, 그분의 도덕적 세계 질서는 언제나 인간의 지성을 어리둥절하게 만든다. 욥기와 시편 37편, 49편, 그리고 73편에 닿아 있는 이 주제는 아주 간단하게 정리할 수 있다. 하나님은 자신을 선하고 공의로우시

며, 악을 벌하고 선을 보상하시는 분으로 계시하셨다. 그분이 그처럼 선하시고 능력 있으시다면, 왜 지독한 도덕적 전도의 상태가 이 땅에 지속되는가? 정의가 악을 이기는 것은 고사하고, 악인들은 "나무 잎이 무성함과 같"이(시 37:35) 뻗어나간다. 악에 따르는 응분의 대가를 치르기는커녕 누구나 처할 법한 곤경에서도 요리조리 잘 피해 간다. 한마디로 정직이 최상이 아니다. 선에 따르는 보상은 없다. 잘되는 쪽은 악인들이다. 의인들은 난관에 처한다. 이러한 명제들이 이 시편의 배경을 이룬다.

**두로의 유적지**
알렉산드로스에 의해 함락되었지만 번성했던 옛 모습을 가늠해볼 수 있다.

## 문제 (1–14절)

시인은 비록 환경은 그 반대라 할지라도 모든 경건한 사람들이 가진 확신으로 시를 시작한다. "하나님이 … 마음이 정결한 자에게 선을 행하시나"(1절). 이것은 계시 종교의 공리이자, 어떤 경우에도 양보될 수 없다. 그러나 시인은 이어서 말한다. "나는 거의 넘어질 뻔하였고 나의 걸음이 미끄러질 뻔하였으니, 이는 내가 악인의 형통함을 보고 오만한 자를 질투하였음이로다"(2-3절). 첫째, 시인은 그들이 무병장수하고 불행을 겪지 않는 것에 대해 곤혹스러움을 감추지 못한다(4-5절). 다음으로는 그들의 오만함에 놀란다(6-9절). 그들의 눈과 마음, 그들의 말과 시선은 거만으로 가득 차 있다(7-8절). '그들의 혀는 땅'을 휩쓸고 다니지만, 나아가 하늘에 대해서 막말을 한다(9절). 그들은 곤경을 겪지 않고 오만할 뿐 아니라 이 세상에서 환영받으며 산다(10-11절). 사람들은 하나님이 그들에 대해 아시면 어찌 처벌하지 않으시느냐고 묻는다(11절).

시인은 악인에 대한 묘사를 이렇게 결말짓는다. "항상 평안하고 재물은 더욱 불어나도다." 그래서 그는 씁쓸하게 호소한다. "내가 내 마음을 깨끗하게 하며 … 실로 헛되도다"(13절). 왜냐하면 악인은 번창하는데 "나는 종일 재난을 당하"기(14절) 때문이다. 만약 악인이 융성한다면, 의롭다는 것은 헛일이다. 정의는 보상되지 않고, 악인들은 한몫 단단히 챙긴다.

## 문제에 대한 바른 접근 (15-16절)

시인이 휘청거리며 '거의 넘어질 뻔'한(2절) 이유는, 잘못 접근했기 때문이다. 그는 언뜻 보기에도 세 가지 잘못을 저질렀다. 첫째, 그는 악인을 질투했다(3절). 죄인의 죄 지을 자유를 부러워하는 것은 언제나 잘못이다. "네 마음으로 죄인의 형통을 부러워하지 말고 항상 여호와를 경외하라"(잠 23:17). 둘째, 그가 나중에 고백하지만, 하나님을 향해서 쓴 마음을 품었다(21-22절). 선입견에 잡혀 하나님을 원망하는 것은 이성을 지닌 인간이 아니라 지각없는 짐승과도 같은 행동이다. 셋째, 그는 포기하려고 했다. 이해해 보려고 했지만 그것이 '심한 고통이 되었'고(16절), 해결책을 찾지 못한 채 절망감으로 포기하려고 했다.

그러나 "하나님의 성소에 들어갈 때에"(17절) 헷갈리고 절망하는 마음이 사라졌다. 겸손히 하나님의 얼굴을 구하는 사람들에게는 지각이 열린다. 21세기를 사는 그리스도인들은 이 교훈을 배워야 한다. 세상에서 하나님의 섭리적인 통치라는 문제로 고민할 때, 악인들을 시새워하는 눈빛으로 봐서도 안 되고 스스로를 자기연민에 빠져 바라봐서도 안 된다. 다른 해결책을 찾으려 하다가 절망에 빠져도 안 된다. 우리는 무릎 꿇고 하나님을 바라봐야 한다. "지극히 높으신 분의 은밀한 처소에서 하나님이 바라보시는 그대로 우리도 사물과 사태를 바라보아야 한다"(캠벨 몰간 Campbell Morgan).

연석회암층의 천연굴과 인공굴이 많은 마레사의 동굴 무덤들

### 해결책 (17-28절)

    마음이 좁고 시야가 막히면 문제는 악화된다. 해결은 관점에 있다. 산자락에 서 있을 때는 산이 험산준령처럼 보이고 우리를 압도한다. 그러나 멀리 떨어져서 보거나 창공 아래에서 바라보면 어떤 해도 끼칠 수 없을 정도로 작게 보인다. 하나님의 섭리 역시 시간과 지상이라는 범위 안에서는 풀릴 수 없다. 이 해결은 다음 세계와 영원으로 넘어간다. 삶의 많은 부조리들이 지금은 그냥 남아 있다. 그러나 잘못은 바로잡힐 것이고, 악은 보복될 것이며, 선은 최후 심판 때 보상될 것이다. 이것이 우리가 하나님의 성소로 계속해서 나아가야 할 이유이다. 우리의 관점이 교정되고 시야가 제대로 확보되는 곳이 바로 그곳이기 때문이다.

    시인이 하나님의 성소에서 파악한 것은 '그들의 종말'(17절)이다. 지금은 형통한 것처럼 보이지만, 하나님이 "그들을 미끄러운 곳에 두"셨다(18절). 예수님의 말을 빌리자면 그들은 "멸망으로 인도하는 넓은 길"로 가고 있는 것이다. 마침내는 죽음이 그들을 찾아 전멸시킬 것이다. 사람이 깬 후에는 꿈을 무시하는 것같이, 그들에 대한 기억은 사라지고 말 것이다(17-19절).

    악인의 운명이 이렇다면, 의인의 운명은 아주 다르다. "내가 항상 주와 함께"한다(23절). 경건치 않은 자들이 지금은 득세하지만 마지막에는 패망할 것이요, 경건한 자들은 지금은 물론 영원토록 하나님의 임재를 즐거워한다(24절). 하나님의 백성은 결핍과 핍박으로 고난당할 수 있지만, 하나님 안에서 부요하다. 이어서 시인은 구약성경 속 인격 종교의 가장 고상한 표현 중 하나로 말한다. "하늘에서는 주 외에 누가 내게 있으리요. 땅에서는 주 밖에 내가 사모할 이 없나이다"(25절). 하늘과 땅, 시간과 영원을 통틀어서 살아 계신 하나님이 '영원한 분깃'(26절)이시다. 하나님과의 이러한 사귐이 영원한 생명이다. 죽음은 이 사귐을 방해하거나 파괴하지 못한다.

종결부인 27절과 28절은 하나님의 성소에서 깨닫게 된 경건한 자와 경건치 않은 자의 엇갈리는 운명을 축약적으로 말한다. "무릇 주를 멀리하는 자는 망하리니 … 하나님께 가까이 함이 내게 복이라"(27-28절). 물질주의자에게는 하나님을 가까이 함이 결코 '복'일 리 없다. 왜냐하면 이 세상에서 슬픔과 고통이 따를 수도 있기 때문이다. 그러나 진정한 부요를 상으로 받는 자들은 영원한 '복'이 하나님 안에 있음을 안다.

### 묵상을 위한 질문

- 악이 승리하고 선이 패배하는 것처럼 보이는 이 세상에서 우리가 소망을 품을 수 있는 까닭은 무엇인가?
- 이 시의 화자는 악인이 잘되는 것을 보고 번민한다. 최근 깨끗하고 정직하게 살고자 하는 나의 마음을 흔들어 놓는 일은 무엇인가? 그 일에서 나는 어떤 선택을 할 것인가?

# PSALM 84
### 시편 84편
## 여호와의 궁정

예루살렘 성전산 서남쪽에서 바라본 감람산 |

1 만군의 여호와여 주의 장막이 어찌 그리 사랑스러운지요.

2 내 영혼이 여호와의 궁정을 사모하여 쇠약함이여 내 마음과 육체가 살아 계시는 하나님께 부르짖나이다.

3 나의 왕, 나의 하나님, 만군의 여호와여 주의 제단에서 참새도 제 집을 얻고 제비도 새끼 둘 보금자리를 얻었나이다.

4 주의 집에 사는 자들은 복이 있나니 그들이 항상 주를 찬송하리이다. (셀라)

5 주께 힘을 얻고 그 마음에 시온의 대로가 있는 자는 복이 있나이다.

6 그들이 눈물 골짜기로 지나갈 때에 그곳에 많은 샘이 있을 것이며 이른 비가 복을 채워주나이다.

7 그들은 힘을 얻고 더 얻어 나아가 시온에서 하나님 앞에 각기 나타나리이다.

8 만군의 하나님 여호와여 내 기도를 들으소서 야곱의 하나님이여 귀를 기울이소서. (셀라)

9 우리 방패이신 하나님이여 주께서 기름 부으신 자의 얼굴을 살펴보옵소서.

10 주의 궁정에서의 한 날이 다른 곳에서의 천 날보다 나은즉 악인의 장막에 사는 것보다 내 하나님의 성전 문지기로 있는 것이 좋사오니

11 여호와 하나님은 해요 방패이시라. 여호와께서 은혜와 영화를 주시며 정직하게 행하는 자에게 좋은 것을 아끼지 아니하실 것임이니이다.

12 만군의 여호와여 주께 의지하는 자는 복이 있나이다.

유대인들에게 예루살렘 성전은 지상에서 가장 신성한 곳이다. 지성소에 '셰키나 영광Shekinah glory', 즉 하나님 임재의 가시적인 표출이 있었기 때문이다. 물론 경건한 이스라엘 백성들은 솔로몬이 말한 것처럼, 하나님이 '땅

에 거하'지 않으시고 "하늘과 하늘들의 하늘이라도 주를 용납하지 못하겠" 다(왕상 8:27)는 것을 잘 알고 있었다. 그렇지만 하나님은 자신의 이름을 예루살렘에 '두길' 기뻐하셨고, 임재 상징이 성전 장막 뒤에 놓인 시은좌에 나타나도록 하셨다. 그래서 이스라엘 백성은 모두 성전을 사랑하고 기회가 닿을 때마다, 특히 중요한 세 절기에는 성전에 방문하길 간절히 원했다. 시인은 진실한 마음으로 노래한다. "만군의 여호와여 주의 장막이 어찌 그리 사랑스러운지요"(1절). 시편 42편과 43편 그리고 순례자의 시편들 일부(120-134편)에서도 성전을 향한 동일한 열망이 그려지고 있다. 성전을 사모하여 쇠약해질 정도이다.

## 다른 이들을 부러워함(1–7절)

시인은 하나님께서 거하시는 곳이 그에게 어떤 갈망을 불러일으키는지 술회하는 것으로 시작한다. 그의 전 존재, '영혼', '마음', 그리고 '육체'가 하나님께서 거하시는 곳을 원하고 있다(2절). 왜냐하면 '여호와의 궁정'에 들어가는 것이 곧 '살아 계시는 하나님'께 나아가는 것이기 때문이다(2절). 그러나 어떤 이유에서인지 시인은 마음의 소원을 이루지 못하고 있다. 그래서 그는 자신에게 허용되지 않은 것을 향유할 수 있는 새든 사람이든 모두를 부러운 눈으로 바라본다.

그는 가장 많고 흔한 참새들을 생각했다. 이 미물은 성전 어디에든 서늘한 틈에 둥지를 튼다. '제비'는 아마도 칼새(제비와 비슷한 검은 갈색의 철새-역주)인 것 같다. 지금도 많은 떼가 길을 따라서 팔레스타인으로 찾아들고, 예루살렘 오마르 모스크Mosque of Omar의 이곳저곳에 둥지를 튼다. 이 날짐승들이 얼마나 행복해 보였는지! 그것들은 하나님의 제단 근처에 살 수 있도록 허용되었다. 지저귀는 참새들과 소리 지르는 칼새들은 하나님을 예배하는 사람들과 한 떼를 이룬 것처럼 보인다. 시인은 이제 사람들에게로 눈을 돌린다. 제사장들은 하나님의 집에 사는 자들이다. 그들은 언제나 하나님을 찬양한다(4절). 순례자들은 때로 성전을 방문한다. 시인은 이들 모두가 복이 있다고 선언한다(4-5절).

시인은 순례자들에게 눈길을 준다(5-7절). 자신이 순례자가 되고자 하기 때문이다. 그리고 예루살렘으로 올라가는 그들의 여행길을 세부적으로 묘사한다. "주께 힘을 얻고 그 마음에 시온의 대로"(5절)에 가기로 결심한 자들은 험난한 길도 마다 않는다. 시인은 메마른 골짜기(바카 계곡)를 지나는 순례자들을 그린다. 이렇게 위험천만한 노정도 순례자들을 주저앉히지는 못한다. 이와 반대로 그들은 거기서 "이른 비가 복을 채워 주"는(6절) 샘을 발견한다. 다른 말로 하면, "소망이 그들의 걸음걸음마다 이끌어갔다"(페론 주교). "그들은 힘을 얻고 더 얻어 나아" 갔으며, "시온에서 하나님 앞에" 나타날 것을 기쁘게 바라며 힘을 냈다(7절).

## 개인적인 기도(8-12절)

참새와 제비, 성전에서 사는 제사장들, 그곳을 방문한 순례자들의 복에 관해 말한 시인은 이들에게 합류하고자 갈망하는 마음을 기도로 표현한다. "만군의 하나님 여호와여 내 기도를 들으소서"(8절). 이어 "주께서 기름 부으신 자"(9절), 곧 왕을 위한 기도가 등장한다. 이 말은 문맥 안에서만 적절하게 해석할 수 있다. 어쩌면 민족의 존망이 이 왕에게 달렸는지도 모른다.

시인은 성전을 방문하려는 이유를 상세히 풀어놓는다. 시간과 장소의 단어를 써서 애절한 마음을 드러내며, 여호와의 궁정에서 보내는 하루가 다른 곳에서의 천 날보다 낫다고 말한다(10절). 그리고 성전의 문지방까지만 갈 수 있다 하더라도 "내 하나님의 성전 문지기"가 되는 것이 '악인의 장막'에서 편안한 나날을 보내는 것보다 낫다고 토로한다. 그저 단 하루여도, 고작 문지기여도 좋다. 이렇게 잠시잠깐 멀리서나마 하나님을 뵙는 것에 만족한다. 왜냐하면 하나님은 우리를 빛에 담그시는 해이고, 악으로부터 우리를 지키시는 방패이기 때문이다. 이뿐만이 아니다. 하나님은 "은혜와 영화를 주시며", "정직하게 행하는 자에게 좋은 것을 아끼지 아니하실 것"이다(11절).

시는 복이 있는 자에 관해 한 번 더 말하면서 끝난다. 성전에 거하는 제사장들(4절)과 성전을 방문하는 순례자들(5절)만이 아니라, 예루살렘으로 올라올 기회를 얻건 얻지 못하건 하나님을 신뢰하는 모든 백성들이 복 있는 자(12절)이다.

그리스도인 예배자들은 이 시편을 자신들에게 무리 없이 적용할 수 있다. 신약성경이 우리가 사랑스럽게 부르며 갈망의 대상으로 삼는 하나님의 성전의 실체를 분명하게 말해주기 때문이다. 첫째, 성전은 교회이다. 보편적인 교회이며(엡 2:21) 지역교회(고전 3:16; 고후 6:16)이다. 즉, 믿는 모든 무

나의 왕, 나의 하나님, 만군의 여호와여 주의 제단에서 참새도 제 집을 얻고 제비도 새끼 둘 보금자리를 얻었나이다(시 84:3).

리를 가리킨다. 하나님은 사람의 손으로 지은 건물에 계시지 않고 그분의 백성 가운데 계신다(행 7:48). 하나님을 뵈러 예루살렘에 갈 필요가 없다. 두세 사람뿐이라도 그리스도의 이름으로 모인다면, 그분은 우리 가운데 계신다(마 18:20). 이것이 우리가 공적 예배를 위해 모이기를 지극히 좋아하는 이유이다.

그러나 성전의 최종적인 성취는 하늘, 새 예루살렘이다. 성경은 이 성전에 관해 이렇게 쓰고 있다. "성 안에서 내가 성전을 보지 못하였으니 이는 주 하나님 곧 전능하신 이와 및 어린 양이 그 성전이심이라"(계 21:22). 그리고 "하나님이 그들과 함께 계시리니 그들은 하나님의 백성이 되고 하나님은 친히 그들과 함께 계"실 것이다(계 21:3). 이런 의미에서 신자들은 자신의 경험을 바탕으로 시인이 애타게 사모하는 하나님의 성전이 무엇인지 안다. 우리는 하나님을 목말라 하며, 우리가 지닌 희망 때문에 하늘로 향하는 힘든 순례길을 끝까지 걸어갈 수 있다.

헨리 프랜시스 라이트Henry Francis Lyte는 이 시편을 소재로 쓴 시에서 성전 주제에 관해 신약성경이 이중적으로 적용하는 것처럼 예배와 하늘나라를 훌륭하게 조합하고 있다.

저 위 당신의 궁정에는 기쁨이 넘칩니다
빛과 사랑이 있는 그곳
이 땅에 있는 당신의 궁정에는 기쁨이 넘칩니다
죄와 화가 있는 이곳
오 내 영혼이 숨 막힐듯 갈망합니다

당신의 성도들이 돌이키길

당신의 얼굴이 빛나길

은혜의 하나님, 당신의 충만을 갈망합니다


**묵상을 위한 질문**

- 하나님께서는 그분의 임재를 간구하는 이들에게 어떤 은혜를 베푸시는가?
- "주께 힘을 얻고 그 마음에 시온의 대로가 있는 자는 복이 있나이다"라고 하는데(5절), 지금 이 순간 내 마음의 대로는 어디로 향하고 있는가?
- 순례자들이 그토록 보고 싶어 했던 '하나님의 성전'은 곧 보편적인 교회와 지역 교회 그리고 성도들의 모임이며, 나아가 새 예루살렘이라는 것을 신약성경은 보여준다. 공적 예배와 새 예루살렘에 대한 애타는 사모함이 나에게는 있는가?

# PSALM 90
### 시편 90편
## 덧없는 인생의 꿈

1 주여 주는 대대에 우리의 거처가 되셨나이다.

2 산이 생기기 전, 땅과 세계도 주께서 조성하시기 전 곧 영원부터 영원까지 주는 하나님이시니이다.

3 주께서 사람을 티끌로 돌아가게 하시고 말씀하시기를 너희 인생들은 돌아가라 하셨사오니

4 주의 목전에는 천 년이 지나간 어제 같으며 밤의 한 순간 같을 뿐임이니이다.

5 주께서 그들을 홍수처럼 쓸어가시나이다. 그들은 잠깐 자는 것 같으며 아침에 돋는 풀 같으니이다.

6 풀은 아침에 꽃이 피어 자라다가 저녁에는 시들어 마르나이다.

7 우리는 주의 노에 소멸되며 주의 분내심에 놀라나이다.

8 주께서 우리의 죄악을 주의 앞에 놓으시며 우리의 은밀한 죄를 주의 얼굴 빛 가운데에 두셨사오니

9 우리의 모든 날이 주의 분노 중에 지나가며 우리의 평생이 순식간에 다하였나이다.

10 우리의 연수가 칠십이요 강건하면 팔십이라도 그 연수의 자랑은 수고와 슬픔뿐이요

신속히 가니 우리가 날아가나이다.

11 누가 주의 노여움의 능력을 알며 누가 주의 진노의 두려움을 알리이까.

12 우리에게 우리 날 계수함을 가르치사 지혜로운 마음을 얻게 하소서.

13 여호와여 돌아오소서 언제까지니이까 주의 종들을 불쌍히 여기소서.

14 아침에 주의 인자하심이 우리를 만족하게 하사 우리를 일생 동안 즐겁고 기쁘게 하소서.

15 우리를 괴롭게 하신 날수대로와 우리가 화를 당한 연수대로 우리를 기쁘게 하소서.

16 주께서 행하신 일을 주의 종들에게 나타내시며 주의 영광을 그들의 자손에게 나타내소서.

17 주 우리 하나님의 은총을 우리에게 내리게 하사 우리의 손이 행한 일을 우리에게 견고하게 하소서. 우리의 손이 행한 일을 견고하게 하소서.

이 시편은 하나님의 영원의 관점에서 볼 때 인간 실존이 얼마나 덧없는가를 읊고 있다. 시인은 인간의 보편적인 무상함과 죄악 됨에 관해서뿐만 아니라 특별한 고난의 시기에 대해서도 말한다(15절). 그러나 절망 혹은 불평의 기미를 보이지 않는다. 그의 영은 겸손히 순복하며 신뢰하고 있다.

### 하나님의 영원 (1-6절)

이 시편은 하나님의 영원에 관한 장대한 진술로 시작한다. 하나님께서 대대로 그분 백성의 '거처'(1절)가 되셨다는 것이다. '거처'로 번역된 단어는 신명기 33장 27절에도 나온다. "영원하신 하나님이 네 처소가 되시니 그의 영원하신 팔이 네 아래에 있도다." 요동하는 인생에서 우리의 안전은 산이 세워지고 땅이 창조되기 전에 계신 분, 영원부터 영원까지 계신 하나님께 있다.

충격적이지만 인간은 먼지로 지어진 존재이다. 분명 시인은 창세기 3장 19절을 암시하고 있는데, 하나님을 인간에게 흙으로 돌아가라고 하신 분으로 그리고 있다(3절). '흙으로, 재로, 먼지로 돌아가라'는 것은 죽음의 현실이다. 우리는 필멸의 존재이며 동시에 허무하리만치 짧은 삶을 산다. 그러나 하나님께는 천 년이 단 하루와 같고(참조. 벧후 3:8), 밤의 몇 초와 같다(4절). 시간을 초월하여 계시는 하나님 앞에서 인간의 삶이란 "아침에 돋는 풀"(5절), 아침에는 활짝 피지만 저녁에는 햇빛과 바람에 말라 시드는 풀과 같다. 성경은 쉬지 않고 이 주제를 건드리며, 여러 생생한 유비들이 이 땅에서 인간 삶의 덧없음을 강조하기 위해 동원된다. 인생은 땅에 엎질러진 물, 해가 나오면 사라지는 그림자, 바람에 흩날리는 연기 혹은 안개와 같다.

### 하나님의 진노 (7-11절)

다음 문단에서는 하나님의 영원에서 진노로 생각이 옮겨 간다. 처음에는 뜬금없는 것처럼 보일 수 있지만, 시인은 인간의 사멸성을 하나님께서 죄를 불쾌하게 여기신다는 어두운 배경에서 보는 것이다. 시인은 민족이 헤쳐나가야 하는 곤경을 하나님의 심판으로 돌릴 뿐 아니라 죽음이 인간의 죄에 대한 형벌임을 인정한다(창 2:17; 3:19; 롬 5:12). 그래서 그는 우리의 죄악과 '은밀한 죄'(8절)를 하나님 앞에 펼쳐놓고, "우리의 모든 날이 주의 분노 중에 지나"간다(9절)고 말한다. 우리의 평균 수명은 70년 정도지만, 이것도 수고와 슬픔뿐이다. 그러나 시인은 비통함이 아닌 차분하고 침착한 어조로 현실을 말한다. 모든 인간은 죽게 되어 있다. 그나마 우리의 짧은 인생은, 자비가 없다면 자비를 입을 때까지 하나님의 심판 아래서 흘러가고 있다(11절). 이 사실 앞에서 우리는 저절로 기도하게 되고, 이 시편은 바로 이 기도로 끝을 맺는다.

### 하나님의 자비 (12-17절)

첫 번째 기도는 인간의 죄와 유한성에 관한 것인데 12절에 나온다. "우리에게 우리 날 계수함을 가르치사 지혜로운 마음을 얻게 하소서." 지혜는 하나님을 알고 경외하는 태도이다. 인생은 너무 짧아서 그분을 무시하는 것은 어리석기 짝이 없다. 예수께서 하신 비유의 부자 농부, 인생이 장구할 줄로 알고 계획하고 떠드는 사람을 향해서 하나님은 어리석다 하셨다.

두 번째 기도는 "아침에 주의 인자하심이 우리를 만족하게" 해달라는 것이다. 하나님의 사랑 안에서 평안을 누린다면 "일생 동안 즐겁고 기쁘게"(13-14절) 살아갈 것이다. 게다가 하나님이 우리에게 주신 기쁨은 우리가 겪은 괴로움을 상쇄하고도 남는다(15절).

세 번째 기도는 우리의 일에 관한 것이다. 죽음이 가져오는 비극의 하나는 우리의 노동을 중단시키고 성취를 끊어버리는 점이다. 그러나 인간의 힘과 노력으로 행한 일에 관해서만 그렇다. 하나님께서 행하신 일을 자기 종들에게 보여주실 때, 그들을 위해 권능을 나타내시고 은택으로 복 주실 때는, "우리의 손이 행한 일을 우리에게 견고하게 하"신다(16-17절). 끝까지 남는 유일한 일은 하나님이 세우시는 일뿐이다.

인생의 덧없음 때문에 우리는 지혜의 핵심을 붙잡게 된다. 즉, 하나님을 우리의 피난처로 삼고, 그분의 사랑 안에서 안도하며, 그분이 내리시는 복으로써 열매 맺는 노동을 하는 것이다.

### 묵상을 위한 질문

- 우리 인생의 무상함과 덧없음이 시간을 초월해 계신 하나님 앞에 나아가는 데 어떤 도움을 주는가?
- 우리의 모든 행위가, 심지어 죄악과 '은밀한 죄'마저도 하나님에 앞에 모두 드러난다는 사실은 우리로 하여금 어떤 두려움을 갖게 하는가?
- "우리의 손이 행한 일을 우리에게 견고하게 하소서"(17절)라는 후렴구는 우리의 일과 노동에 의미를 부여하는 일이 누구에게 달려 있음을 보여주는가?

# PSALM 91

**시편 91편**
지극히 높으신 이의 보호
—

1 지존자의 은밀한 곳에 거주하며 전능자의 그늘 아래에 사는 자여,

2 나는 여호와를 향하여 말하기를 그는 나의 피난처요 나의 요새요 내가 의뢰하는 하나님이라 하리니

3 이는 그가 너를 새 사냥꾼의 올무에서와 심한 전염병에서 건지실 것임이로다.

4 그가 너를 그의 깃으로 덮으시리니 네가 그의 날개 아래에 피하리로다. 그의 진실함은 방패와 손 방패가 되시나니

5 너는 밤에 찾아오는 공포와 낮에 날아드는 화살과

6 어두울 때 퍼지는 전염병과 밝을 때 닥쳐오는 재앙을 두려워하지 아니하리로다.

7 천 명이 네 왼쪽에서, 만 명이 네 오른쪽에서 엎드러지나 이 재앙이 네게 가까이 하지 못하리로다.

8 오직 너는 똑똑히 보리니 악인들의 보응을 네가 보리로다.

9 네가 말하기를 여호와는 나의 피난처시라 하고 지존자를 너의 거처로 삼았으므로

10 화가 네게 미치지 못하며 재앙이 네 장막에 가까이 오지 못하리니

11 그가 너를 위하여 그의 천사들을 명령하사 네 모든 길에서 너를 지키게 하심이라.

12 그들이 그들의 손으로 너를 붙들어 발이 돌에 부딪히지 아니하게 하리로다.

13 네가 사자와 독사를 밟으며 젊은 사자와 뱀을 발로 누르리로다.

14 하나님이 이르시되 그가 나를 사랑한즉 내가 그를 건지리라. 그가 내 이름을 안즉 내가 그를 높이리라.

15 그가 내게 간구하리니 내가 그에게 응답하리라. 그들이 환난 당할 때에 내가 그와 함께하여 그를 건지고 영화롭게 하리라.

16 내가 그를 장수하게 함으로 그를 만족하게 하며 나의 구원을 그에게 보이리라 하시도다.

이 시편은 독특한 면이 있다. 성경(적어도 거룩한 기록)에서 마귀가 인용한 유일한 본문이기 때문이다!(참조. 마 4:6; 눅 4:10-11) 이 말은 어떻게 들리건 간에 아주 중요하다. 왜냐하면 마귀가 이 구절을 잘못 인용 혹은 적용하였기 때문이다. 마귀는 하나님의 아들에게 성전 꼭대기에서 뛰어내리라고, 천사들이 지켜준다는 약속을 신뢰하라고 졸랐다(11-12절). 다치지 않을 것이라 했다. 마귀는 시편 91편을 잘못 적용하기로 작정한 유일한 자다. 마치 이 시편이 어떤 상황에서든 무제한의 안전을 약속하고 있는 양 적용한 것이다. 그러나 우리 주님께서는 이 시편이 말하는 하나님 보호의 약속을 근거로 성전 지붕에서 뛰어내리는 것은 하나님을 시험하는 것임을 알고 계셨다. 하나님의 뜻을 좇아 사는 하나님의 자녀들만이 보호를 기대할 수 있다. 그러나 이때에도 모든 해악에서 보호받는다고 보장되는 것은 아니다(15절 참조). 하나님의 자녀들은 상황이 어떻든 간에 궁극적으로 하나님의 사랑 안에서 안전하게 보호될 것을 알 뿐이다. 사실, 시편 91편은 신약의 로마서

**가데스바네아의 싯딤 나무**
지존자의 은밀한 곳에 거주하며 전능자의 그늘 아래에 사는 자여(시 91:1).

8장 31-39절과 짝을 이룬다. 사고의 전개를 이해하기 위한 가장 좋은 방법은 먼저 신자가 하나님을 향해 말하고(1-2절), 그다음에는 시인이 성도들을 향해 말한 후(3-13절), 마지막으로 하나님께서 개입하셔서 이 시편을 읽는 우리에게 말씀하시는데, 그분 자신이 시편의 주제인 성도의 안전을 보장하신다(14-16절)는 구조를 살펴보는 것이다.

## 성도 (1-2절)

성도의 신앙은 하나님의 하나님 되심에 근거를 두고 있다. 그분은 '지존자'요 '전능자'이시다(1절). 무한히 초월하여 계시고 권능 또한 무한하다. 다른 한편으로 그분은 '여호와'(2절), 이스라엘의 언약의 하나님이다. 엄정하게 약속을 지키시는 까닭에 그분의 백성에게 매이시는 분이시다. 이러한 하나님의 그늘 아래에 사는 것이 지혜이다. 그분은 성도의 '피난처'요 '요새'이시다(2절).

## 시인 (3-13절)

시인은 이 신앙고백을 인용한 후에, 동의를 표한다. 성도들이 고백 안에 거하도록 격려하고 안전을 보장한다. 약속된 하나님의 보호를 예증하기 위해 대담한 이미지가 사용되었다. 하나님은 어미새가 새끼들을 날개 아래

감추듯이 성도들을 보호하실 것이다. 그분의 '진실함'은 그들에게 군인의 '방패'(4절)같이 될 것이다. 그런데 성도들이 구출받아야 하는 위험은 도대체 무엇인가? 그것은 여러 가지로 기술된다. "새 사냥꾼의 올무 … 심한 전염병"(3절), "밤에 찾아오는 공포와 낮에 날아드는 화살"(5절), "어두울 때 퍼지는 전염병과 밝을 때 닥쳐오는 재앙"(6절) 등이다.

이 비유적인 언어가 실제의 재앙을 가리킨다고 해석하는 것은 당연히 가능하다. 그러나 일부 학자들은 바벨론 사람들이 마술로 불러낸 마귀들이 어른거리는 광경이라고 한다. 또한 모든 악으로부터 구원하실 것이라는 약속이 분명히 주어진다. 천 명이 이 약속에 무릎 꿇겠고(7절), 악인들이 죄에 대한 보응을 받을 것이다(8절). 그러나 여호와를 피난처로 삼은 자들은 화가 미치지 않으리라고(9-10절) 확신할 수 있다. 하나님의 천사들이 그들을 보호하며(11-12절, 참조. 시 34:7; 히 1:14) "사자와 독사 … 뱀"(13절)도 해치지 못할 것이다. 모든 동물 중에 뱀은 가장 간교하고 사자는 가장 사납다. 사탄이 '저 옛 뱀'으로 불리고 '우는 사자'처럼 어슬렁거리는 모습으로 묘사되는 것은 다 이유가 있다(계 12:9; 벧전 5:8).

### 여호와 (14-16절)

마지막으로 여호와의 말씀이 들린다. 그러나 성도도 아니고 시인도 아닌 독자에게 말씀하시면서 성도의 신앙과 시인의 주제를 인증하여 주신다. 시인은 확고하게 '하나님이 그를 건지신다'고 말한다. 그의 말이 참으로 맞다. 하나님은 두 번에 걸쳐 같은 말씀을 하신다. "내가 그를 건지리라 … 내가 그와 함께하여 그를 건지고"(14-15절). 왜 건지시는가? 그가 하나님을 사랑하기 때문이다. 하나님은 성도의 신앙의 대상일 뿐 아니라 사랑의 지고한 대상이다. "모든 것이 합력하여 선을"(롬 8:28) 이룬다는 확신은 하나님을 사랑하는 자들에게 주어진 것이다. 성도는 게으르거나 아무 일도 하지 않으면 안 된다. 성도는 하나님을 신뢰해야 한다. 그리고 기도로 자신의 믿음을 보여야 한다. 그러면 하나님이 그들에게 응답하실 것이다. 하나님의 구원이 언제나 곤경의 모면을 의미하는 것은 아니다. 구원은 때로 "환난 당할 때"(15절) 하나님께서 함께하심을 발견하는 것을 뜻할 수도 있다. 하나님을 신뢰하는 백성에게 주시는 최후의 약속은 장수와 구원이다(16절). 시편의 시인도 선지자들처럼 그가 아는 것 이상을 노래하기도 한다. 안전의 궁극적인 의미는 오로지 예수 그리스도 안에서 발견하는 영생과 구원이기 때문이다.

### 묵상을 위한 질문

- 이 시편의 시인에 따르면 하나님의 보호는 어떤 이에게 적용되는가? 혹시 보호의 약속을 잘못 적용해 만용을 부린 일이 있는가?
- 하나님을 신뢰하고 사랑하는 이에게 어떤 약속이 주어지는가?
- 지금의 상황이 어떠하든 나는 하나님의 궁극적인 보호를 신뢰하는가?

# PSALM 95

**시편 95편**
노래하며 경청하라

—

1 오라 우리가 여호와께 노래하며 우리의 구원의 반석을 향하여 즐거이 외치자.
2 우리가 감사함으로 그 앞에 나아가며 시를 지어 즐거이 그를 노래하자.
3 여호와는 크신 하나님이시요 모든 신들보다 크신 왕이시기 때문이로다.
4 땅의 깊은 곳이 그의 손 안에 있으며 산들의 높은 곳도 그의 것이로다.
5 바다도 그의 것이라. 그가 만드셨고 육지도 그의 손이 지으셨도다.
6 오라 우리가 굽혀 경배하며 우리를 지으신 여호와 앞에 무릎을 꿇자.
7 그는 우리의 하나님이시요 우리는 그가 기르시는 백성이며 그의 손이 돌보시는 양이기 때문이라. 너희가 오늘 그의 음성을 듣거든
8 너희는 므리바에서와 같이 또 광야의 맛사에서 지냈던 날과 같이 너희 마음을 완악하게 하지 말지어다.
9 그때에 너희 조상들이 내가 행한 일을 보고서도 나를 시험하고 조사하였도다.
10 내가 사십 년 동안 그 세대로 말미암아 근심하여 이르기를 그들은 마음이 미혹된 백성이라 내 길을 알지 못한다 하였도다.
11 그러므로 내가 노하여 맹세하기를 그들은 내 안식에 들어오지 못하리라 하였도다.

이 시편은 하나님을 '구원의 반석'(1절)으로 알고 있는 백성에 대한 호출이다. 그분에게 돌리는 찬양을 부르고 그분의 말씀을 경청하자는 부름이다. 아무리 늦어도 주후 4세기부터 많은 교회들은 이 시편을 공적 예배에서 찬송으로 불러왔다.

**이집트와 이스라엘 국경에 자리한 네게브 사막**
너희는 므리바에서와 같이 또 광야의 맛사에서 지냈던 날과 같이 너희 마음을 완악하게 하지 말지어다(시 95:8).

### 하나님을 찬양하자는 초대 (1-7절)

영국 왕 헨리 8세의 묵상집에는 시편 95편에 〈하나님을 향한 찬양을 고무하는 노래〉라는 부제가 달려 있다. 얼마나 고무적인 초대인가! 1-2절 그리고 6절에는 일곱 가지 권면이 하나씩 열거되고 있다. 성전 뜰에 모였을 것이 틀림없었을 회중들은 서로 권고를 주고받는다. 서로에게 예배와 하나님을 찬양하는 노래를 권한다. 공적 예배는 이렇듯 회중이 드리는 예배이기 때문이다.

이 시편에서는 회중을 예배로 초대할 뿐 아니라 예배할 것을 권유한다. 우리는 '하자'는 어구의 반복만이 아니라 찬양의 이유로서 "여호와는 … 때문이로다"라는 말을 듣는다. 여호와가 누구신지 알기 전에는 그분을 예배할 마음이 생기지 않는 것이다.

과연 그분은 누구이신가? 이 찬송은 그분이 '크신 하나님'(3절)이요 '우리의 하나님'(7절)이라고 답한다.

첫째, 그분은 크신 하나님이시다. 하늘의 지고하신 분, 모든 신들보다 크신 왕이시다(3절). 시인이 모든 신들을 객관적인 실체로 승격시킨다고 짐작할 필요는 없다. 왜냐하면 "만국의 모든 신들은 우상들"(시 96:5)이기 때문이다. 하나님은 땅에서도 지존자이시다(4-5절). 하나님의 통치를 넘어서는 것은 아무것도 없음을 보여주기 위해 모든 방위를 다 건드린다. '땅의 깊은 곳', '산들의 높은 곳' 그리고 넓게 펼쳐진 '바다'와 '육지'가 모두 그분의 것이고, "그의 손이 지으셨"다(4-5절). 태초에 우주를 지으신 손이 지금도 우주를 붙들고 계시다. 하나님은 자연질서의 창조자이시기에 그것을 제어하시는 분이시다.

두 번째, '우리의 하나님'(7절)이시다. 그분의 광대함은 우리를 초월하는 것이지만, 선하심에 관한 한 우리에게 가까이 계시다. 그분의 위엄은 자비로, 그분의 영광은 은혜로 조화된다. 그분이 세상을 지으셨는가? 그분은 이스라엘도 지으셨다. 하나님은 "우리를 지으신 여호와"(6절)이시다(참조. 시 100:3; 149:2; 사 51:13; 54:5). 만물의 조성자께서는 자신의 특별한 백성의 구속자이시다. 우리는 "그가 기르시는 백성"(7절)이므로 그분은 우리의 목자이다.

시편 95편은 하나님의 속성 중 어느 하나에 시선을 집중하는가에 따라 우리의 예배가 달라질 수 있음을 정확하게 짚어낸다. 1-2절의 초대에서는 여호와를 향해 기쁨에 찬 소리를 내면서 감사함으로 그분의 임재 앞에 나아가자고 한다. 여호와는 크신 하나님이기 때문이다. 창조에 나타난 그분의 위대하심 때문에 환호성을 지르는 것도 당연하다. 그러나 6절에서는 "여호와 앞에 무릎을 꿇자"고 초대한다. 왜 무릎을 꿇어야 하는가? '우리의 하나님'이시기에 그렇다(7절). 이 크신 하나님이 친히 우리의 하나님이 되어주시고, 우리의 목자를 자임하시고 우리를 그분의 양이라 불러주셨는가? 그렇다면 지금은 왁자지껄 떠들 때가 아니라, 경외와 놀람을 표해야 할 때다. 공경과 겸손으로 그분 앞에 엎드려 숨을 죽여야 할 때다.

7절의 말미에서 분위기는 다시 반전된다. 화자도 바뀐다. 지금까지는 회중이 서로 권했지만, 이제는 하나님께서 나타나셔서 직접 자기 백성에게 말씀하신다.

그분의 광대함은 우리를 초월하는 것이지만, 선하심에 관한 한 우리에게 가까이 계시다.
그분의 위엄은 자비로, 그분의 영광은 은혜로 조화된다.
그분이 세상을 지으셨는가? 그분은 이스라엘도 지으셨다.

## 하나님 말씀을 들으라는 초대 (8-11절)

우리는 하나님을 찬양하기 위해 입술을 열어야 하고, 말씀을 듣기 위해 귀를 열어야 한다. 앞에서, 하나님의 음성을 들으라는 권면을 받은 자들이 "그의 손이 돌보시는 양"(7절)이라고 묘사된 점이 눈길을 끈다. 양들은 목자의 음성을 안다. 요한복음 10장 2-4절을 보라.

하나님은 이스라엘의 초기 역사를 생생한 시청각 교재로 사용하신다. 애굽에서 나온 후 한두 달 지나 이스라엘 자녀들이 시내 산에 이르렀을 때 그들은 르비딤에 진을 쳤다. 거기에는 물이 없었다. 그래서 백성들은 모세에게 시비를 걸었다. "우리에게 물을 주어 마시게 하라. 어찌하여 우리를 애굽에서 인도해내어서 우리와 우리 자녀와 우리 가축이 목말라 죽게 하느냐?" 모세는 여호와께 기도했고, 명하신 대로 하나님이 주신 지팡이로 바위를 치자 물이 솟구쳐 나왔다. 이 사건 후 모세는 이곳에 떠봄 혹은 유혹이라는 의미의 '맛사Massah'와 다툼 혹은 격돌이라는 의미의 '므리바Meribah'라는 두 가지 지명을 부여했다. 이 이야기는 출애굽기 17장 1-7절에 나온다.

40년 후에는 '가데스Kadesh'라는 곳에서 비슷한 위기가 터졌다. 그들이 모세를 향해 원망하자 하나님은 다시 한 번 기적으로 백성에게 물을 주셨다. 이곳 지명은 나중에 '므리바 가데스Meribah-Kadesh'로 알려진다. 르비딤에 있는 므리바와 구별하기 위해서다. 이 이야기는 민수기 20장 1-13절에 기록되어 있다.

하나님의 백성은 하나님을 내내 시험했다. 증거를 보여달라고 졸랐다. 그분이 하신 일들을 보았지만 그들은 믿음이 없었다. 하나님은 그들을 애굽의 종살이에서 구해내셨다. 나중에는 그들과 언약을 체결하시고, 그들에게 특별한 계시를 주셨으며, 광야에서 그들을 먹여 살리셨다. 그러나 그들은 다시 하나님께 들고일어난다. 그분의 사랑과 선하심을 의심한다. "내가 사십 년 동안 그 세대로 말미암아 근심하여"왔다는 말씀은 조금도 심하지 않다. 한편 하나님께서는 "그들은 마음이 미혹된 백성"(10절)이라고 칭하셨다. 그들이 광야에서 방황한 것은 비뚤어진 마음이 겉으로 드러난 것에 불과하다. 이스라엘의 죄, 불신 그리고 반역은 너무나 커서, 하나님의 마음에 혐오감이 들게 했다(11절). 성경은 사랑과 진노, 선하심과 엄위하심의 하나님을 계시한다. 그분은 죄인을 사위지 않는 사랑으로 대하시지만 또한 죄를 지극히 미워하신다.

히브리서는 이 구절들을 오늘을 사는 신자들을 위한 메시지로 내놓는다. "그러므로 성령이 이르신 바와 같이 오늘 너희가 그의 음성을 듣거든 광야에서 시험하던 날에 거역하던 것같이 너희 마음을 완고하게 하지 말라"(히 3:7-8). 오늘은 구원받기에 적합한 날이다. "죄의 유혹으로 완고하게 되지 않도록"(히 3:13) 정신을 차려야 한다.

### 묵상을 위한 질문

- 본문의 7절 말씀과 요한복음 10장 2-4절의 말씀을 함께 읽어보라. 우리는 목자의 역할과 의미는 잘 알고 있지만, 양의 역할을 간과할 때가 많다. 본문에 따르면 양의 역할은 무엇이고, 그 역할을 감당하기 위해 우리가 해야 할 일은 무엇인가?

- 이스라엘 백성은 광야 생활 내내 하나님을 시험했다. 나는 그분의 사랑과 선하심을 의심한 적은 없는가? 죄의 유혹으로부터 완고하게 되지 않도록 해야 할 일은 무엇이라고 생각하는가?

# PSALM 98

**시편 98편**
## 구원의 왕 여호와
—

1 새 노래로 여호와께 찬송하라. 그는 기이한 일을 행하사 그의 오른손과 거룩한 팔로 자기를 위하여 구원을 베푸셨음이로다.

2 여호와께서 그의 구원을 알게 하시며 그의 공의를 뭇 나라의 목전에서 명백히 나타내셨도다.

3 그가 이스라엘의 집에 베푸신 인자와 성실을 기억하셨으므로 땅 끝까지 이르는 모든 것이 우리 하나님의 구원을 보았도다.

4 온 땅이여 여호와께 즐거이 소리칠지어다. 소리 내어 즐겁게 노래하며 찬송할지어다.

5 수금으로 여호와를 노래하라. 수금과 음성으로 노래할지어다.

6 나팔과 호각 소리로 왕이신 여호와 앞에 즐겁게 소리칠지어다.

7 바다와 거기 충만한 것과 세계와 그중에 거주하는 자는 다 외칠지어다.

8 여호와 앞에서 큰 물은 박수할지어다. 산악이 함께 즐겁게 노래할지어다.

9 그가 땅을 심판하러 임하실 것임이로다. 그가 의로 세계를 판단하시며 공평으로 그의 백성을 심판하시리로다.

이 시편은 필시 국가적인 승리 후 지어진 것이다. 하나님의 '오른손과 거룩한 팔'(1절)이 민족들이 보는 앞에서 승리를 이루셨다. 이 승리가 애굽 혹은 바벨론, 아니면 다른 어떤 원수들을 물리친 것이건 간에, 하나님이 그분의 아들 예수 그리스도를 통해 이미 우리에게 가져다주신 죄, 사탄 그리고 죽음으로부터의 능하신 구원을 그림자처럼 보여준다는 것만은 분명하다. 이것은 하나님이 행하신 참말로 '기이한 일'이다(1절). 이 일로 인해서 하나님의 백성들은 '새 노래'를 부르지 않을 수가 없다. 하나님의 은혜 앞에 새로이 놀라는 마음에서 나온 새로운 노래이다. 신자가 부르는 찬양의 노래는 그 근본이 하나님이 행하신 기이한 일을 즐거워하는 데 있다.

찬양하자고 시인이 부르는 것은 하나님이 과거에 행하신 능하신 일을 생각해서만은 아니다. 그는 그 능하신 일들을 하나님의 현재적인 통치의 증거로 보고 있으며, 하나님이 이 땅에 최종적인 의의 왕국을 세우실 것이라는 맹세로도 보고 있다. 따라서 그가 말하는 세 가지 주제는 구주, 왕 그리고 재판관이신 하나님에 연결된다. 시인은 하나님의 백성들을 불러서 그분을 구세주로 높이자고 하고(1-4절), '온 땅'(4절)을 불러서 왕이신 하나님을 예배하자고 하며(4-6절), 자연(바다, 세계, 강과 산)을 향해서 앞으로 오실 재판장인 그분에게 영예를 돌리자고 말한다(7-9절).

## 구주 하나님 (1-3절)

이 시를 짓도록 영감을 불어넣은 하나님의 승리는 자신이 이루신 것이

**갈멜 산의 엘리야 상**
여호와께서 그의 구원을 알게 하시며 그의 공의를 뭇 나라의 목전에서 명백히 나타내셨도다 (시 98:2).

다. 하나님은 인간의 도움이 필요없다. 그분은 그의 오른손과 거룩한 팔(1절)을 의지하신다. '하나님은 영'(요 4:24)이고 육체가 없으므로 손이나 팔이 있을 리 만무하다. 그러나 이 생생한 신인동형론적 표현은 그분의 권능과 자기 백성을 위한 직접적인 개입을 상징으로 보여준다. 성경은 이스라엘을 애굽과 바벨론에서 구해내신 것도 하나님의 강한 팔 혹은 능한 손이라고 이야기한다(예. 출 15:6, 12; 시 44:1-3; 참조. 사 52:10; 59:16; 63:5). 한 걸음 더 나아가서, 하나님이 거두신 이 승리는 은밀한 것이 아니다. 많은 눈들이 이 승리를 목격했다. 그분은 민족들이 지켜보는 앞에서 승리를 '명백히 나타내셨'다(2절). 그들은 하나님이 베푸시는 구원과 공의를 보았다.

하나님은 이스라엘의 집에 '인자와 성실'(4절)을 베푸셨다. 이스라엘은 하나님의 선택된 민족이다. 하나님은 이 민족과 더불어서 엄중한 언약을 맺으셨다. 그분은 이 언약을 깨지도, 잊지도 않으실 것이다. 아니, 최근에 베푸신 구원은 하나님이 그 언약에 얼마나 충실하신지를 보여주는 증거이다. 그래서 이스라엘은 승리를 통해 드러난 그분의 권능뿐 아니라, 승리를 만든 하나님 자신의 신실하심 또한 찬양할 수 있다. 그 승리는 이스라엘의 하나님("우리의 하나님")이 이스라엘에 베푸신 것이지만, 이사야 52장 10절의 예언대로 땅끝까지 이르는 모든 것이 지켜봤다. 세례 요한은 이 말씀을 예수께서 베푸시는 구원에 적용하였다(눅 3:6). '인자와 성실'의 결합은 시편 89편, 92편 2절 그리고 100편 5절, 한편으로는 미가서 7장 20절에서도 나타난다.

### 왕이신 하나님 (4-6절)

하나님을 찬양하자고 이스라엘 백성을 불렀다면, 이제는 온 땅의 거민들에게 그리 한다(4절, 참조. 시 100:1). 그들은 이스라엘처럼 구원을 경험하진 못했지만, 이스라엘과 더불어서 하나님나라를 볼 수 있다. 하나님은 '왕이신 여호와'(6절)이시다. 그분이 자기 백성에게 베푸시는 능한 구원은 인간 만사와 민족들을 능수능란하게 다스리시는 주권의 가시적인 표이다. 하나님은 소리치는 것뿐 아니라(4절), 노래와 악기들로도 예배를 받으신다(5-6절).

즐거움을 드러내는 표현들은 새로운 왕의 등극 혹은 대관식에 일반적으로 따르는 것 중에서 골라 쓴 것으로 보인다. 사독이 솔로몬에게 기름 부을 때, 백성들은 나팔을 불었고, 소리 지르고, 악기를 연주하며 즐거워했다(왕상 1:39-40). 이와 비슷하게 소년 왕 요아스가 제사장 여호야다에 의해 왕관을 쓰고 기름 부음을 받을 때는 손뼉을 치기도 했다(왕하 11:12-14). 그래서 백성들은 여호와의 통치에 대해서도 노래와 큰소리, 손뼉과 나팔 연주로 환영하는 것이다(참조. 시 47편). 히브리 예배에는 C. S. 루이스가 일명 '열락 悅樂'이라고 부르는 것이 있다.

### 재판장이신 하나님 (7-9절)

악기와 사람의 목소리로 환희에 들떠 드리는 남녀의 예배에, 생물과 무생물 모두가 함께하자고 초대된다. 바다와 그 안의 생물들, 세계와 그 거민들,

파도와 언덕들 모두가 '여호와 앞에' 서(6절) 즐거워해야 한다. 파도의 찰싹거림에서 손뼉 소리를 듣는다. 이것들이 즐거운 이유는 아직 밝혀지지 않았다.

사도 바울이 후에 로마서 8장 18-25절에서 설명하듯이, 자연은 일종의 구속 상태에 있는 것으로 보인다. 따라서 하나님께서 그분의 왕국을 세우실 때는 자연도 해방된다. 그분은 이미 왕이시지만(6절), 땅은 아직 그분의 통치를 인정하지 않는다. 그래서 하나님은 땅과 그 위에 사는 민족들을 심판하기 위해 오신다(9절). 하나님의 통치가 땅에 확립될 때만(이 시편에서 메시아의 왕국이 여호와 자신의 통치로 그려지고 있지만, 그 통치는 그리스도를 통해 시작되었다), 민족들과 자연이 복속되고 의로 다스려질 것이다. 자기 백성을 구원하셔서 자신의 의를 이미 보여주신 하나님(2절)이 세상을 심판하시는 일로 다시 그 의를 펼쳐 보이실 것이다. 악인의 징벌은 이사야서 11장 1-5절에서 분명히 다뤄진 것처럼, 이 심판의 일부이다. 그러나 이때도 우리는 즐거워할 수 있다. "그의 판단은 순전하고 공평"함을 우리가 알고, 그 판단에 "아멘 할렐루야"로 화답할 수 있기 때문이다(계 19:1-5).

**묵상을 위한 질문**
- 이 시편은 하나님을 어떤 분으로 묘사하고 있는가?
- 하나님의 '심판'은 어떤 정서를 불러일으키는가? 하나님의 '심판'이 '두려운 일' 말고도 '즐겁게 노래할 일'이라면, 그 까닭은 무엇인가?
- 왜 시인은 '새 노래'로 찬송하라고 할까? 산과 바다와 온 세상과 더불어 드리는 장엄한 찬양에 덧붙이고 싶은 나의 노래는 무엇인가?

# PSALM 100

### 시편 100편
## 여호와는 선하신 하나님이시다

—

1 온 땅이여 여호와께 즐거운 찬송을 부를지어다.

2 기쁨으로 여호와를 섬기며 노래하면서 그의 앞에 나아갈지어다.

3 여호와가 우리 하나님이신 줄 너희는 알지어다. 그는 우리를 지으신 이요 우리는 그의 것이니 그의 백성이요 그의 기르시는 양이로다.

4 감사함으로 그의 문에 들어가며 찬송함으로 그의 궁정에 들어가서 그에게 감사하며 그의 이름을 송축할지어다.

5 여호와는 선하시니 그의 인자하심이 영원하고 그의 성실하심이 대대에 이르리로다.

이 시편은 성전에서 이스라엘 백성이 먼저 불렀고, 나중에는 매일 회당에서까지 불렸다. 중세 교회는 '라우데스Lauds'라 불리는 예배에서 이 시편을 노래했다. 16세기 스코틀랜드 사람 존 녹스John Knox의 친구였던 윌리엄 키서William Kethe가 운율에 맞게 고쳐 쓴〈온 땅에 거하는 만민들All People That on Earth Do Dwell〉이라는 찬송은 오늘날에도 유명하다.

시는 딱 다섯 행으로 돼 있지만, 예배의 웅장한 부름이 있다. 초대된 예배에는 두 가지 특징이 있다.

## 예배의 두 가지 특징

이 시편은 종종 '흥겨워하자!' 혹은 '목소리를 높이라!'는 뜻의 '유빌라테the Jubilate'라는 별명으로 불린다. 즐거움은 우리 예배의 특징이다. 시편 100편은 여호와의 왕적인 주권을 기념하는 여덟 편의 시 중 하나이다. "여호와께서 다스리시니 스스로 권위를 입으셨도다.… 주의 보좌는 예로부터 견고히 섰으며"(시 93:1-2). "여호와는 크신 하나님이시요 모든 신들보다 크신 왕이시기 때문이로다"(시 95:3). "모든 나라 가운데서 이르기를 여호와께서 다스리시니"(시 96:10). "여호와께서 다스리시나니 땅은 즐거워하며"(시 97:1). "여호와 앞에 즐겁게 소리칠지어다"(시 98:6). "여호와께서 다스리시니 만민이 떨 것이요"(시 99:1). 이 장엄한 시편들 가운데서도 100편은 송영이다.

만약 하나님이 왕이시라면 우리의 예배가 어찌 즐겁지 않겠는가? 장례식장 표정과 시무룩한 장송곡은 치워버려라! 즐거움, 기쁨 그리고 노래는 예배의 필수요소이다.

우리의 예배는 즐거움이 가득하고 보편적이어야 한다. "온 땅이여 … 즐거운 찬송을 부를지어다"(1절). 이 시편이 여호와, 곧 이스라엘의 하나님과 관련되어 있는 것은 사실이다. 그러나 시인은 여호와가 이스라엘의 전유물이 아님을 자각하고 있다. 그분은 아브라함에게 이렇게 맹세하지 않으셨던가? "네 씨로 말미암아 천하 만민이 복을 받으리니"(창 22:18). 또 이사야 56장 6-7절에는 이렇게 기록돼 있지 않은가? "여호와와 연합하여 그를 섬기며 … 이방인마다 내가 곧 그들을 나의 성산으로 인도하여 … 내 집은 만민이 기도하는 집이라 일컬음이 될 것임이라." 그러므로 이 예배의 부름에서 비껴 설 수 있는 민족은 없다. 여호와는 이스라엘의 부족신이 아니다. 그분은 온 땅의 주권적인 통치자이시다. 그러므로 우리가 예배로 모일 때, 기쁨의 소리를 내야 할 뿐 아니라, 모든 민족이 우리와 함께 기쁨의 사명으로 뭉칠 것을 소원해야 한다.

이 시편의 나머지는 왜 민족들이 우리에게 와서 함께 예배해야 하는지 소상히 설명한다. 예배는 기쁘고 보편적이어야 할뿐더러, 이유가 있어야 한다.

### 하나님의 광대하심

"여호와가 우리 하나님이신 줄 너희는 알지어다"(3절). 우리가 어떤 예배를 드리는지는 우리가 무엇을 알고 있는가에 달려 있다. 지식과 이해력이 우리의 예배에서 중요한 역할을 한다. 신자는 고대 아테네 사람들처럼 '미지의 신'을 예배하지 않고, 자신을 계시하신 하나님을 예배한다.

그러면 우리는 무엇을 알아야 하는가? 이방의 신들은 우상이다. 그것들은 볼 수도, 말할 수도, 움직일 수도 없다. 우리의 하나님은 살아 계시고 활

천상의 도예가이신 하나님. 그분이 사용하시는 재료는 제멋대로이고 다루기가 보통 힘이 드는 게 아니지만, 그분은 멋진 솜씨와 인내로 작품을 빚으신다.

동하시는 신이시다. 아울러 시인이 하나님의 활동에 관해 내놓은 으뜸 증거는 이스라엘의 역사에서 발견된다. 하나님은 애굽의 종살이에서 자기 백성을 구속하시고, 시내 산에서 그들과 언약을 맺으셨으며, 그들을 광야에서 인도하여 약속의 땅에 정착시키셨다. 한마디로, 하나님은 그들을 '지으셨다'(신 32:6, 15; 비교. 시 95:6). "그는 우리를 지으신 이요, 우리는 그의 것이니"(3절). 이 주권적이고 간섭하시는 하나님의 행동에 대해서 두 가지 생생한 예증이 주어진다.

첫째, 하나님은 도예가이시다. 그는 우리를 지으신 자로 도공에 비유된다. 이 구절은 개인이 아니라 민족들을 향해 말하고 있다. 구약성경에서 하나님은 이스라엘을 가끔 "내 손이 그 가운데에서 행한 것"으로 부르셨다(예. 사 29:23; 60:21).

이 도예가께서는 멋진 솜씨와 인내로 작품을 만드셨다! 그분이 사용하시는 재료는 제멋대로이고 다루기가 보통 힘이 드는 게 아니다. 우리라면 진즉에 성공하지 못할 것이라며 포기하고 말았을 테다. 그러나 하나님은 참아내셨다. 하나님은 어떤 장애에도 움츠러들지 않으시고, 어떤 실망스러운 일에도 낙담하지 않으시고, 오히려 이스라엘을 영광스러운 그릇으로, 그분이 쓰시기에 흡족한 그릇으로 묵묵히 빚어나가셨다.

둘째, 하나님은 목자이시다. "우리는 그의 백성이요 그의 기르시는 양이로다"(3절). 그들을 빚으신 도공은 또한 그들을 돌보는 목자이시다. 하나님은 온갖 우여곡절 속에서 그들을 보호하고 이끄신다. 목자가 신경을 곤두세워 양떼를 돌보는 것처럼 하나님은 자기 백성을 지켜보신다.

우리에게도 이러하시다. 하나님은 우리를 구속하셔서 자기에게로 이끄셨다. 그분이 우리의 도공이요 목자라고 말할 수 있다. 우리가 하나님의 주권적인 은혜를 어떻게 입었는지 이보다 선명하고 또렷하게 말하는 구절은 없다. 우리를 지으신 분은 하나님이시고, 우리는 그분의 백성이다. 우리가 우리를 하나님의 백성으로 만든 것도 아니고 모은 것도 아니다. "하나님의 은혜로 말미암아 우리는 지금 이 모습이 되었다." 따라서 우리의 신분은 자랑이 아니라 찬양의 이유가 된다.

시인이 또 다시 소리쳐 예배로 부르는 것은 하나도 이상하지 않다. "감사함으로 그 문에 들어가며 찬송함으로 그 궁정에 들어가서 그에게 감사하며 그의 이름을 송축할지어다"(4절). 우리의 예배는 감사하기 때문에 기쁠 수밖에 없다.

## 하나님의 선하심

여호와는 위대하기도 하시려니와 선하시다(5절). 그분이 하신 일만이 아니라 그분의 됨됨이에도 찬양해야 할 이유가 있다.

그분은 무엇 때문에 선하신가? 영원한 인자하심과 성실하심 때문이다(5절). 우리의 하나님은 언약을 지키시는 하나님이시다. 변덕스럽거나 신의가 없지 않으시다. 그분의 말씀은 기댈 만하고, 그분의 약속은 신뢰할 만하다. 세월이 흘러도 그분은 변함없으시다. 영원부터 영원까지 그분은 하나님이시다.

하나님이 우리를 지으셨고 그분의 소유가 되도록 이끄셨기 때문만이 아니라, 우리 곁에 계셔주시기에 우리는 그분을 예배하자는 초대를 받는다. 이 천상의 도예가께서는 자기 작품을 내버리지 않으신다. 끝까지 빚어 아름답고 유용한 그릇으로 만드실 것이다. 이 하늘의 목자께서는 자기 양을 결코 포기하지 않으신다. 양떼를 푸른 초장에 눕게 하고 천천히 흐르는 물가로 이끄실 것이다. 우리의 평생에 그분의 선하심과 인자하심이 따를 것이다. 질그릇은 도예가의 손에 있을 때, 양은 목자의 팔에 안겨 있을 때 안전하다.

**묵상을 위한 질문**

- 하나님 아버지를 섬길 때, 노래할 때, 그의 앞에 나아갈 때 내겐 흥겨움이 있는가, 목소리가 높아지는가, 기쁨이 있는가?
- 3절은 하나님을 어떤 모습으로 소개하는가? 그것이 하나님의 주권적인 은혜를 어떻게 보여주는지 자신의 말로 설명해보라.
- 시편 기자는 하나님의 행하셨던 일뿐만 아니라 그분의 어떤 성품, 속성으로 인해 찬양하라고 요청하는가?

# PSALM 103
### 시편 103편
## 하나님이 베푸시는 은택

1 내 영혼아 여호와를 송축하라 내 속에 있는 것들아 다 그의 거룩한 이름을 송축하라

2 내 영혼아 여호와를 송축하며 그의 모든 은택을 잊지 말지어다

3 그가 네 모든 죄악을 사하시며 네 모든 병을 고치시며

4 네 생명을 파멸에서 속량하시고 인자와 긍휼로 관을 씌우시며

5 좋은 것으로 네 소원을 만족하게 하사 네 청춘을 독수리같이 새롭게 하시는도다

6 여호와께서 공의로운 일을 행하시며 억압당하는 모든 자를 위하여 심판하시는도다

7 그의 행위를 모세에게, 그의 행사를 이스라엘 자손에게 알리셨도다

8 여호와는 긍휼이 많으시고 은혜로우시며 노하기를 더디 하시고 인자하심이 풍부하시도다

9 자주 경책하지 아니하시며 노를 영원히 품지 아니하시리로다

10 우리의 죄를 따라 우리를 처벌하지는 아니하시며 우리의 죄악을 따라 우리에게 그대로 갚지는 아니하셨으니

11 이는 하늘이 땅에서 높음같이 그를 경외하는 자에게 그의 인자하심이 크심이로다

12 동이 서에서 먼 것같이 우리의 죄과를 우리에게서 멀리 옮기셨으며

13 아버지가 자식을 긍휼히 여김같이 여호와께서는 자기를 경외하는 자를 긍휼히 여기시나니

14 이는 그가 우리의 체질을 아시며 우리가 단지 먼지뿐임을 기억하심이로다.

15 인생은 그 날이 풀과 같으며 그 영화가 들의 꽃과 같도다.

16 그것은 바람이 지나가면 없어지나니 그 있던 자리도 다시 알지 못하거니와

17 여호와의 인자하심은 자기를 경외하는 자에게 영원부터 영원까지 이르며 그의 의는 자손의 자손에게 이르리니

18 곧 그의 언약을 지키고 그의 법도를 기억하여 행하는 자에게로다.

19 여호와께서 그의 보좌를 하늘에 세우시고 그의 왕권으로 만유를 다스리시도다.

20 능력이 있어 여호와의 말씀을 행하며 그의 말씀의 소리를 듣는 여호와의 천사들이여 여호와를 송축하라.

21 그에게 수종들며 그의 뜻을 행하는 모든 천군이여 여호와를 송축하라.

22 여호와의 지으심을 받고 그가 다스리시는 모든 곳에 있는 너희여 여호와를 송축하라. 내 영혼아 여호와를 송축하라.

시편 103편은 의심의 여지없이 가장 사랑받는 시편 중 하나이다. 이 시편을 부연한 헨리 프랜시스 라이트Henry Francis Lyte의 〈찬양하라 내 영혼, 하늘의 왕Praise my Soul, the King of Heaven〉은 영어권에서 가장 애창되는 찬송 중 하나이다. 이 시에는 은혜의 하나님께 감사하는 말을 주체할 수 없이 쏟아놓는, 구속받은 하나님의 한 자녀의 순정한 말들이 넘쳐난다. 그의 찬양은 세 종류의 자기중심적인 집단들을 뚫고 확대되어 나간다. 첫째, 시인은 자신에게 선언하고, 자신을 일깨워 하나님께 합당한 경배를 드린다. "내 영

여호와는 긍휼이 많으시고 은혜로우시며 노하기를 더디 하시고 인자하심이 풍부하시도다 (시 103:8).

혼아 여호와를 송축하라"(1-5절). 다음으로 그는 모든 언약 백성에게 베푸신 하나님의 자비를 회상한다(6-18절). 마지막으로, 찬양의 합창에 동참하도록 모든 창조계를 부른다(19-22절).

## 내게 베푸신 하나님의 은택 (1-5절)

이 시의 첫 다섯 절은 매우 개인적이다. 시인은 자신의 의무 앞에 서서, 느슨해진 자신의 영혼을 향해 경배하라고 권유한다. 그는 하나님의 거룩하심 혹은 독특한 '타자성'을 인식하면서 그분의 '거룩한 이름'(1절)을 찬양하고자 할 뿐 아니라, '그의 모든 은택'(2절)을 기억하기를 열망한다. 시인은 그의 경배가, 하나님이 자기에게 베푸신 복만큼이나 온전해야 한다고 결심했다. '그의 모든 은택'에 '내 속에 있는 것들'이 반응한다(1-2절). 이 은택들은 몸과 영혼에 부어졌다. 하나님은 "모든 죄악을 사하시며 모든 병을 고치시며"(3절), 나아가 내 생명을 죽음 혹은 스올의 '파멸에서 속량하'셨다(4절). 하나님은 시인을 죄, 질병 그리고 죽음에서 구하시는 데 그치지 않고, 그에게 적극적인 복을 넘치게 부어주셨다. 그에게 '관을 씌우시'는데(4절), 다시 말해 하나님은 자기 자녀를 왕으로 세우신다(비교. 시 8:5).

또한 하나님은 시인을 '좋은 것으로' 만족스럽게 하셔서, "청춘을 독수리같이 새롭게" 하신다(5절). 이 구절은 어쩌면, 독수리가 태양 근처까지 솟구쳐 날아올랐다가 녹아서 바다로 떨어진 후에 기적적으로 회춘한다는 고대의 민담이나, 매년 털갈이와 교미기 이후 다음 봄에 새에게 새로운 깃털이

날 때까지의 '색 바랜 겨울깃의 시기'를 암시하는 것일 수도 있다. 여기서도 이사야서 40장 31절처럼 독수리는 젊음과 원기의 상징이다.

따라서 이것들은 하나님이 시인에게 개인적으로 베푸신 은택이다. 죄, 질병, 죽음에서 벗어난 시인은 왕과 같은 특권 그리고 독수리와 같은 활기를 느낀다.

### 자기 백성에게 베푸시는 하나님의 자비 (6-18절)

시인은 이제 단수에서 복수로, 자기 자신이 받았던 특정한 은택에서 백성 모두에게 하신 언약으로 전환한다. 하나님은 그들이 억압당할 때, 언제나 그들의 편에서 공의와 심판을 베푸셨다(6절). 이 가장 소중한 계시가 모세와 모세의 영도 아래 있던 이스라엘 자녀들에게 주어졌다(7절). 자기 백성을 다루시는 모습을 보면 그분의 은혜를 알 수 있다.

시인은 이어서 하나님의 이름이 모세에게 영광스럽게 계시된 사건을 묵상한다. "여호와께서 그의 앞으로 지나시며 선포하시되 여호와라 여호와라 자비롭고 은혜롭고 노하기를 더디하고 인자와 진실이 많은 하나님이라"(출 34:6). 시인은 이 말씀을 인용한 후에(8절), 두 가지 부정적인 진술, 그리고 세 가지 사례들과 한 가지 충격적인 대조를 제시하여 말씀을 보강한다.

먼저 두 가지 부정적 진술은 하나님이 죄에 대한 자신의 의로운 진노를 억제하셨다는 것이다. 첫째는 때를 억제하시는 것으로, "자주 경책하지 아니하"신다. 둘째는 진노한 표현의 억제이다. 그저 심판하지 않으시고 "우리의 죄를 따라 우리를 처벌하지는" 아니하신다(9-10절). 그리고 하나님 은혜의 세 가지 긍정적인 사례들이 이어진다. 그분의 지극한 사랑은 하늘만큼 높고, 용서는 우리의 죄를 보이지 않게 치워버리시며, 자비는 아버지가 자녀들을 아끼는 것만큼이나 자애롭다. 그분은 우리가 부서지기 쉬움을 아신다(11-14절).

인간의 약함을 언급함으로써 궁극적인 하나님의 은혜가 강조된다. 시편 90편과 마찬가지로 하나님의 자비는 인간의 덧없음과 하나님 사랑의 영원함을 대조하는 형식으로 나타난다. 인간은 풀처럼 번창했다가 뜨거운 사막의 바람이 불어올 때 역시 풀처럼 말라버린다. 그러나 하나님을 경외하고, 그분의 언약을 지키며, 그분의 계명들을 기억하는 자에게 하나님은 영원토록 인자하심을 베풀고, 그의 자손들은 번성한다(15-18절). 다음 세대까지 미치는 하나님의 한결같은 사랑에 대한 확신은, 무덤에 둘러서서 관이 영원한 안식의 장소로 내려가는 모습을 지켜보는 많은 자들에게 위안을 준다.

### 전 창조계를 향한 하나님의 다스리심 (19-22절)

마지막 단락에서 시인은 언약 백성을 향한 여호와의 사랑에서, 자신의 모든 창조물들에게 미치는 그분의 주권으로 시선을 돌리고 있다. 여호와께서는 "그의 보좌를 하늘에 세우시고" 거기서 "만유를 다스리"신다(19절). 시인은 이렇게 하나님의 우주적인 왕국을 확고하게 인식하고, 창조 질서 전체를 향해서 하나님을 찬양하라고 부른다. 첫째, 그는 능력 있는 천군에게 말하고, '그의 뜻을 행하는' 것이 주 임무인 천사들을 부른다(20-21절). 이어서 하나님의 피조물 중 하급 계층으로 눈을 돌려서 "지으심을 받고 … 모든 곳에 있는 너희여 여호와를 송축하라" 하고 말한다. 마지막으로 그는 다시 자신에게로 돌아가서 시작할 때처럼 개인적인 권면으로 시의 끝을 장식한다. "내 영혼아 여호와를 송축하라"(22절).

### 묵상을 위한 질문

- 이 시에서 화자가 하나님을 찬양하는 까닭은 무엇인가? 하나님은 어떠한 분이며 어떠한 일을 행하신 분으로 묘사하고 있는가?
- 화자는 개인적이고 공동체적인 찬양을 넘어 온 창조세계를 찬양의 자리로 초청한다. 오늘 어떻게 주님을 송축할 것인지, 나만의 방법을 생각해보자.

# PSALM 104

**시편 104편**
자연에 나타난 하나님의 솜씨

—

1 내 영혼아 여호와를 송축하라. 여호와 나의 하나님이여 주는 심히 위대하시며 존귀와 권위로 옷 입으셨나이다.

2 주께서 옷을 입음같이 빛을 입으시며 하늘을 휘장같이 치시며

3 물에 자기 누각의 들보를 얹으시며 구름으로 자기 수레를 삼으시고 바람 날개로 다니시며

4 바람을 자기 사신으로 삼으시고 불꽃으로 자기 사역자를 삼으시며

5 땅에 기초를 놓으사 영원히 흔들리지 아니하게 하셨나이다.

6 옷으로 덮음같이 주께서 땅을 깊은 바다로 덮으시매 물이 산들 위로 솟아올랐으나

7 주께서 꾸짖으시니 물은 도망하며 주의 우렛소리로 말미암아 빨리 가며

8 주께서 그들을 위하여 정하여 주신 곳으로 흘러갔고 산은 오르고 골짜기는 내려갔나이다.

9 주께서 물의 경계를 정하여 넘치지 못하게 하시며 다시 돌아와 땅을 덮지 못하게 하셨나이다.

10 여호와께서 샘을 골짜기에서 솟아나게 하시고 산 사이에 흐르게 하사

11 각종 들짐승에게 마시게 하시니 들나귀들도 해갈하며

12 공중의 새들도 그 가에서 깃들이며 나뭇가지 사이에서 지저귀는도다.

13 그가 그의 누각에서부터 산에 물을 부어주시니 주께서 하시는 일의 결실이 땅을 만족시켜주는도다.

14 그가 가축을 위한 풀과 사람을 위한 채소를 자라게 하시며 땅에서 먹을 것이 나게 하셔서

15 사람의 마음을 기쁘게 하는 포도주와 사람의 얼굴을 윤택하게 하는 기름과 사람의 마음을 힘있게 하는 양식을 주셨도다.

16 여호와의 나무에는 물이 흡족함이여 곧 그가 심으신 레바논 백향목들이로다.

17 새들이 그 속에 깃들임이여 학은 잣나무로 집을 삼는도다.

18 높은 산들은 산양을 위함이여 바위는 너구리의 피난처로다.

19 여호와께서 달로 절기를 정하심이여 해는 그 지는 때를 알도다.

20 주께서 흑암을 지어 밤이 되게 하시니 삼림의 모든 짐승이 기어나오나이다.

21 젊은 사자들은 그들의 먹이를 쫓아 부르짖으며 그들의 먹이를 하나님께 구하다가

22 해가 돋으면 물러가서 그들의 굴 속에 눕고

23 사람은 나와서 일하며 저녁까지 수고하는도다.

24 여호와여 주께서 하신 일이 어찌 그리 많은지요 주께서 지혜로 그들을 다 지으셨으니 주께서 지으신 것들이 땅에 가득하니이다.

25 거기에는 크고 넓은 바다가 있고 그 속에는 생물 곧 크고 작은 동물들이 무수하니이다.

26 그곳에는 배들이 다니며 주께서 지으신 리워야단이 그 속에서 노나이다.

27 이것들은 다 주께서 때를 따라 먹을 것을 주시기를 바라나이다.

28 주께서 주신즉 그들이 받으며 주께서 손을 펴신즉 그들이 좋은 것으로 만족하다가

29 주께서 낯을 숨기신즉 그들이 떨고 주께서 그들의 호흡을 거두신즉 그들은 죽어 먼지로 돌아가나이다.

30 주의 영을 보내어 그들을 창조하사 지면을 새롭게 하시나이다.

31 여호와의 영광이 영원히 계속할지며 여호와는 자신께서 행하시는 일들로 말미암아 즐거워하시리로다.

32 그가 땅을 보신즉 땅이 진동하며 산들을 만지신즉 연기가 나는도다.

33 내가 평생토록 여호와께 노래하며 내가 살아 있는 동안 내 하나님을 찬양하리로다.

34 나의 기도를 기쁘게 여기시기를 바라나니 나는 여호와로 말미암아 즐거워하리로다.

35 죄인들을 땅에서 소멸하시며 악인들을 다시 있지 못하게 하시리로다. 내 영혼아 여호와를 송축하라 할렐루야.

시편 103편과 104편은 완벽하게 한 쌍을 이루고, 성경의 균형을 보여준다. 두 시편은 모두 "내 영혼아 여호와를 송축하라"로 끝난다. 시편 103편

은 구원을 베푸시는 하나님의 선하심에 관해 말하고, 시편 104편은 창조에 나타난 하나님의 광대하심을 말한다(1절). 시편 103편은 자녀를 두신 아버지로, 시편 104편은 피조물들을 거느리시는 창조주로 하나님을 묘사한다. 시편 103편은 그분이 베푸신 은택들을 열거하고, 시편 104편은 행하시는 일들을 열거한다.

시인은 분명히 창세기 1장의 기사에서 영감을 얻었다. 그는 대략 같은 순서에 따라, 빛에서 시작해서 인간에서 마친다. 하나님께서 어떻게 하늘과 땅을 지으셨는지, 어떻게 모든 새와 들짐승에게 마실 물, 먹이, 쉴 곳을 주시는지 찬란하게 아름다운 시어로 기술한다(10-23절). 그리고 '크고 작은 모든 피조물'을 짓고 보존하시는 하나님의 다양한 활동들을 좀 더 묵상한 후에(24-30절), 시인은 하나님의 영광이 영원하기를 기도하면서 자신의 전 생애에 걸쳐 하나님을 예배할 것이라는 결심을 밝히고, 하나님의 세계를 더럽히는 죄인들이 더 이상 없기를 염원하면서 시를 닫는다(31-35절).

C. S. 루이스의 말마따나 시인의 '자연에 대한 경탄'이 나타나는 형식에 주의를 기울일 필요가 있다. 그는 자연 그 자체를 찬양하지 않는다. "시편에는 자연시가 없다. 만물을 지으신 분을 향하는 한에서만 자연이 언급된다"(C. S. 루이스). 이러한 강조점은 로버트 그랜트 경Sir Robert Grant이 (활달하면서도) 정교하게 부연해 쓴 찬송시인 〈영광의 왕께 다 경배하며O Worship the King〉에서 잘 나타난다.

### 하늘과 땅을 지으심(1-9절)

이 문단의 거의 모든 동사들은 과거형이어야 하고, '하늘'(1-4절)과 '땅'(5-9절)의 창조를 가리키는 것으로 이해해야 할 것이다. 우리는 이 구절들을 문자 그대로 취해야 할지 신경을 써야 한다. 과학자가 아니라 시인으로서 이 시를 쓰고 있기 때문이다. 하나님이 구름 마차를 타신다든지, 실제 물질적 기초 위에 짓는 집처럼 땅을 지으신다든지하는 것을 상상할 필요는 없다. 이것들은 모두 이미지이다.

이 본문이 우리에게 가르치는 것은, 하나님이 우주의 창조자이시고, 창조 안에 자신을 계시하셨다는 점이다. 본질상 그분은 눈에 보이지 않으신다. 하지만 그분이 만드신 가시적인 질서 안에 자신을 드러내셨다. 빛은 그분의 옷, 하늘은 그분의 장막, 창공은 그분의 방, 그리고 구름은 그분의 마차이다. 그런가 하면 바람을 전령으로, 불과 화염을 그분의 사자들로 삼으시기도 한다(2-4절). 종교개혁가 장 칼뱅Jean Calvin은 이렇게 주해했다. "하나님은 눈에 보이지 않지만, 시인은 빛을 옷에 비유하여 하나님의 영광을 드러나게 한다."

비슷하게 땅은 딱딱한 기초 위에 세워진 후 깊음으로 덮인 것이라고 소개한다. 이것은 "땅이 혼돈하고 공허하며", "흑암이 깊음 위에 있고"라는 태고 때의 혼돈을 말한다(창 1:2). 이어서 땅과 물이 나뉘는 사건이 극적으로 묘사된다(마치 창 1:9-10처럼). 물은 "그들을 위하여 정하여 주신 곳으로 흘러갔"다(8절).

## 새와 들짐승을 위한 배려 (10-23절)

이 부분의 동사들은 거의 과거형이다. 이 구절들은 우리가 이신론자理神論者가 될 수 없음을 확인시킨다. 19세기의 이신론자들은 하나님이 우주라는 거대한 시계태엽을 감아 돌아가게 했다고 믿었다. 그러나 성경은 하나님이 살아 계신 신이라 말한다. 그분은 자기가 지으신 것들을 쉴 새 없이 간섭하고 돌아보신다. 하나님은 '각종 들짐승'과 '공중의 새들'도 거둬 먹이신다(11-12절). '생태'는 쓸데없이 거창하게 과학적인 용어라 이 본문에는 적용할 수 없지만, 아무튼 시인은 이렇게 묘사한다. 그는 모든 생물들의 필요에 땅의 자원들을 놀랍게 활용하시는, 혹은 그 반대로 하시는 하나님의 모습에 넋을 잃었다.

계곡을 따라 흐르는 시냇물은 들짐승들에게 마실 물을 준다(10-11절). 그리고 하나님이 내리시는 비는 '산'(13절)과 '나무'(16절)에 물을 준다. 인간과 들짐승들은 포도주, 기름, 빵과 같이 땅에서 난 음식을 먹는다(14-15절). 심지어 포악스러운 사냥꾼 사자도 하나님께 먹을 것을 구한다(21절).

생물은 비단 양식과 물만 필요한 것이 아니다. 비바람을 피하고 새끼를 낳을 거처 또한 필요하다. 그래서 나뭇가지 사이에서 소리를 발하는 '새들'(12절)도 그 속에 깃든신다(17절). 학은 잣나무로 둥지를 삼고(17절), 높은 산들은 산양을 위한 피난처가 되고, 바위는 너구리의 피난처이다(18절, '너구리'는 '오소리'와 '토끼'로도 번역되는데, 틀림없이 '바위너구리'를 가리킨다). 삼림의 모든 짐승이 기어 나오는 때가 되면 어둠이 덮여 안전하다. 그러다가 해가 돋으면 물러가서 굴혈에 눕는다. 반대로 인간은 낮에 일하고 밤에 잔다(19-23절).

### 하나님의 창조와 피조물의 보존 (24-30절)

시인은 솟구쳐 오르는 찬양의 기쁨 때문에 말하기를 잠시 멈춘다(24절). 땅과 바다 모두 크고 작은 생물로 바글거린다(25절). 바다 위로는 배들이 지나다니고, 악어가 노닌다(26절). 여기서 말하는 악어는 큰 바다 생물인데, 학자에 따라 고래라고도 하고 알락돌고래라고도 하며, 욥기 41장에 나오는 악어라고도 한다. 무엇이든 간에, 탈무드는 하나님이 그것들을 가지고 놀았다고 적고 있다.

하나님이 지혜로 모든 피조물들을 지으셨다면, 하나님께서는 또한 신실함으로 돌보아 주신다. 이것들은 다 주께서 제때에 식물食物을 주시기 바란다(27절). 이것들의 식물과 호흡은 하나님께 달려 있다. 스스로 먹이를 구하지 않는다는 말이 아니다. 먹이를 취하지만 이 역시 하나님이 주시는 것이다. 이 진리는 나중에 하나님의 '손'과 '낯'(28-29절)이라는 기막힌 신인동형설로 다시 설명된다. 동물원이나 농장에서 손바닥에 먹이를 올려놓고 팔을 뻗어 먹이를 주는 아이처럼, 하나님이 손을 펼치시면 피조물들은 "좋은 것으로 만족"(28절)한다. 그러나 그들에게서 얼굴을 돌리시면, 그들이 떨 수밖에 없다(29절). 나아가 그들의 숨을 거두시면, 그들이 죽어 흙으로 돌아간다(29절). 하나님이 자신의 영(혹은 호흡)을 불어넣으셔서, 먼저는 피조물을 창조하실 뿐 아니라 지속적으로 새롭게 하신다.

음식과 생명은 모든 생물에게 기본적으로 필요하다. 이 시에서 이것들은 하나님의 열린 손과 되살리는 호흡에 달려 있다. 음식과 호흡이 없다는 것은 하나님이 얼굴을 돌리셨다는 뜻이다. 현대인들의 귀에는 철없는 소리로

들릴 수 있다. 과학기술의 시대에 이런 말들을 어떻게 믿을 수 있는가? 우리는 본문의 묘사가, 시적 표현이건 신인동형설의 이미지를 동원했건 비유적임을 이미 지적한 바 있다.

그러나 비유의 배후에는 진리가 버티고 있다. 창조주 하나님은 자신이 창조한 세계의 주인이시다. 그분은 보좌에서 내려오신 적이 없다. 자신이 창조하신 것을 다스리신다. 어떤 그리스도인도 기계론적인 자연관을 가지고 있지 않다. 우주는 완고한 법칙에 의해서 작동하는 기계가 아니다. 하나님은 자신조차도 거기에 매이는 법칙을 만드신 적이 없다. '자연법칙'은 하나님의 일하심에 나타나는 관측 가능한 일관성을 편의적으로 부르는 용어이다. 그분은 자신의 우주에 살아 계시고 또 활동하신다. 우리는 "생명과 호흡과 만물"(행 17:25)을 그분에게 의지하고 있다. 우리를 창조하시고 보호하시는 그분께 감사함이 마땅하다.

결미부에서 시인은 (그가 하신 일들 가운데 나타난) 하나님의 영광이 항구하기를, 하나님이 처음 그 일들을 마치고 그러셨던 것처럼(31절. 비교. 창 1:31) 계속 기뻐하시길, 그래서 은혜가 아니라 심판으로 이 땅을 바라보지 않으시길 열렬하게 소원한다(31절). 시인은 하나님을 찬양하는 데 생애를 바치겠다고 결심하고, 이 시편, 즉 하나님의 일하심에 관한 묵상이 그분을 기쁘시게 하길 기대한다(33-34절). 그러나 창조주이며 보존자이신 하나님께 그분 이름에 합당한 영광을 돌리지 않는 죄인들과 악인들이 있음을 인정한다(34절). 그들의 호흡을 한 손에 쥐고 계시는 하나님을 영화롭게 하지 않는 것이다(단 5:23). 시인은 이런 죄인들이 하나님의 선한 세계를 어지럽히는 것이 더 이상 방치되지 않기를 아주 간절한 심정으로 바란다.

**묵상을 위한 질문**

- 창세기 1장과 본문을 함께 살펴보면서 공통적인 묘사를 찾아보자. 피조물을 짓고, 보존하시는 하나님의 다양한 행적들을 느껴보라.
- 아름답고 장엄한 자연을 보면서 나는 하나님을 찬양하는가 자연을 찬양하는가?
- 이토록 충만하게 베푸시는 하나님 앞에서도 만족하지 못하고 있다면 나는 왜 만족하지 못할까? 자족하는 마음은 어디에서 오는가?

# PSALM 121

**시편 121편**
## 우리의 보호자 여호와
—

1 내가 산을 향하여 눈을 들리라. 나의 도움이 어디서 올까.

2 나의 도움은 천지를 지으신 여호와에게서로다.

3 여호와께서 너를 실족하지 아니하게 하시며 너를 지키시는 이가 졸지 아니하시리로다.

4 이스라엘을 지키시는 이는 졸지도 아니하시고 주무시지도 아니하시리로다.

5 여호와는 너를 지키시는 이시라. 여호와께서 네 오른쪽에서 네 그늘이 되시나니

6 낮의 해가 너를 상하게 하지 아니하며 밤의 달도 너를 해치지 아니하리로다.

7 여호와께서 너를 지켜 모든 환난을 면하게 하시며 또 네 영혼을 지키시리로다.

8 여호와께서 너의 출입을 지금부터 영원까지 지키시리로다.

시편 120편에서 134편까지 열다섯 편의 시편은 하나의 군락을 형성한다. 한때 이 시편들은 별개의 문집에 있었을 수 있다. 각 시편에는 '성전에 올라가는 노래'라는 표제가 붙어 있는데, 문자 그대로 하면 '올라감의 노래'이다. 매년 세 번 있는 큰 절기 중 하나를 맞아 예루살렘을 향해 '올라가던' 순례자들이 불렀기에 그런 제목을 붙였다는 것이 거의 정설이다. 그러

므로 여기 속하는 각 시편은 순례의 노래이다. 이 시편들은 짧막하고, 대부분이 시온과 성전을 향한 애끓는 사랑, 그리고 예루살렘의 평안과 번영을 바라는 간절함을 드러낸다. 이 짧은 시편들은 한 호흡으로 이스라엘의 "천지를 지으신"(2절) 하나님을 향하여 고요한 마음, 흔들리지 않는 믿음을 노래한다(시 121:2; 124:7; 134:4).

순례자들이 예루살렘을 병풍처럼 두르고 있는 언덕으로 올라갈 때, 시편 121편이야말로 부르기에 딱 좋은 노래였음에 틀림없다.

시인은 시를 여는 첫 두 절에서 1인칭 단수 '내가', '나'로 말한다. 1절에서 자신을 돕는 도움의 근원에 관해 묻고, 자신이 답한다. "나의 도움은 천지를 지으신 여호와에게서로다"(2절). 이 구절은 이스라엘의 언약의 하나님이신 여호와가 우주의 창조자라는 놀라운 개념의 결합을 보여준다. 4절에서 하나님은 졸지도 주무시지도 않는, 이스라엘의 수호자로 소개된다. 이러한 사실은 지키시는 하나님의 능력, 다시 말해서 세계를 지으신 분의 전능한 권능과 이스라엘 수호자의 물샐틈없는 지켜보심을 믿는 근거가 된다.

시인은 자신에게 말한 후 이제는 동료 순례자들에게 말을 건넨다. 그리고 노래의 나머지 부분은 지켜주시는 하나님의 권능이라는 주제를 다양하게 표현한다. '지키신다'로 번역된 동일한 히브리어 단어가 여섯 번이나 나온다(3, 4, 5, 7절에 두 번, 8절). 이스라엘 민족을 지키시는 하나님이 그 백성 한 사람을 지키시는 분이다(4-5절). 하나님은 그를 '모든 환난에서' 지키시고, '영혼을 지키'시며, 그의 "출입을 지금부터 영원까지 지키"실 것이다(7-8절).

**묵상을 위한 질문**

- 시인이 하나님의 도우심을 묘사하기 위해 사용한 표현들을 찾아보자. 내가 시편을 쓴다면 어떤 어휘를 써서 나를 도우신 하나님을 묘사하겠는가?
- 나는 지금 누구에게 도움을 찾고 있는가?

# PSALM 122

**시편 122편**
## 예루살렘의 평화

—

1 사람이 내게 말하기를 여호와의 집에 올라가자 할 때에 내가 기뻐하였도다.

2 예루살렘아 우리 발이 네 성문 안에 섰도다.

3 예루살렘아 너는 잘 짜여진 성읍과 같이 건설되었도다.

4 지파들 곧 여호와의 지파들이 여호와의 이름에 감사하려고 이스라엘의 전례대로 그리로 올라가는도다.

5 거기에 심판의 보좌를 두셨으니 곧 다윗의 집의 보좌로다.

6 예루살렘을 위하여 평안을 구하라. 예루살렘을 사랑하는 자는 형통하리로다.

7 네 성 안에는 평안이 있고 네 궁중에는 형통함이 있을지어다.

8 내가 내 형제와 친구를 위하여 이제 말하리니 네 가운데에 평안이 있을지어다.

9 여호와 우리 하나님의 집을 위하여 내가 너를 위하여 복을 구하리로다.

이 시편은 다른 '성전에 올라가는 노래'에 비해서 절기를 맞아 예루살렘으로 올라가는 순례자들이 부른 노래다운 특징을 더 잘 보여준다.

첫 구절은 순례에 참여하라는 권고를 받았을 때 시인이 느낀 흥분을 표

현한다. 2절에서 시인은 다른 순례자들과 함께 목적지에 도착한다. 예루살렘을 돌아보면서 여러 가지 생각이 그의 마음에 밀려온다. 이 도성이 얼마나 '잘 짜여진'(3절) 곳인지 의식한다. '이스라엘의 전례대로' 연중 절기에 지파들이 예루살렘을 방문하게 하신 하나님의 목적을 돌아본다. 이 말은 더 말할 것도 없이 출애굽기 23장 17절에 기록된 율법을 언급하는 것이다. 시인은 예루살렘이 민족의 종교와 정치의 중심이자, 백성이 여호와를 찬양하거나, 분쟁이나 소송이 진행 중일 때 심판의 보좌로 나아갈 수 있는 장소라고 설명한다(4-5절). 묵상을 끝낸 후 시인은 백성에게 예루살렘의 평강을 위해 기도하라고 호소하고, 기도의 모범을 내놓는다(6-7절). 다른 사람들에게 기도를 권한 후, 이제 자신도 기도한다. 함께한 순례자들을 위해 그리고 "여호와 우리 하나님의 집"(예루살렘이 그토록 소중한 이유이다)을 위하여, 예루살렘의 형통함을 구한다(8-9절).

### 묵상을 위한 질문

- 이 시편에 나오는 '여호와의 집' 또는 '예루살렘'을 오늘날의 교회라고 생각한다면, 그 교회를 위해 우리가 가장 긴급하게 구해야 할 것은 무엇인가? 그 이유는 무엇인가?
- 오늘 내가 평안과 화평을 위해 기도할 사람은 누구이며, 그 이유는 무엇인가?

**눈물교회 안에서 내다본 바위 돔 사원**
눈물교회는 예수님께서 예루살렘을 보며 우신 것을 기념하기 위해 세웠다.

# PSALM 123

**시편 123편**
## 믿음의 눈을 들라
—

1 하늘에 계시는 주여 내가 눈을 들어 주께 향하나이다.

2 상전의 손을 바라보는 종들의 눈같이, 여주인의 손을 바라보는 여종의 눈같이 우리의 눈이 여호와 우리 하나님을 바라보며 우리에게 은혜 베풀어주시기를 기다리나이다.

3 여호와여 우리에게 은혜를 베푸시고 또 은혜를 베푸소서. 심한 멸시가 우리에게 넘치나이다.

4 안일한 자의 조소와 교만한 자의 멸시가 우리 영혼에 넘치나이다.

이 시편은 '안일한 자'와 '교만한 자'(4절)의 조소 어린 반대를 배경으로 한다. 시인이 누구를 대상으로 말하고 있는지는 짐작할 뿐이다. 아마 이스라엘의 어떤 원수들이었을 것이다. 호론 사람 산발랏, 암몬 족속 도비야, 아랍 사람 게셈이 맞을지도 모른다. 그들은 유대인이 예루살렘 성벽을 세우기로 결심했다는 소식을 듣고, 조롱하고 멸시한다(참조. 느 2:19; 4:1-5).

이스라엘 최북단에 위치한 눈 쌓인 헐몬 산

여는 절은 하늘 보좌에 앉으신 하나님을 조용히, 인내심을 갖고 신뢰하는 아름다운 모습을 그린다(1절). 종의 눈이 주인의 손을, 여종이 여주인의 손을 주목하는 것처럼, "우리의 눈이 여호와 우리 하나님을 바라"본다(2절). 손을 바라보는 눈은 하나의 유비로서, 지시가 아니라 공급을 기다리는 표현이다. 순종이 아니라 의존을 상징하는 것이다.

하나님의 자비를 참을성 있게 기다린다고 선언한 후에, 시인은 이제 자비를 구하며 기도한다. 그의 기도는 개인적인 것이 아니다. 그는 자신과 민족을 동일시한다. "교만한 자의 멸시가 우리 영혼에 넘치나이다"(4절).

### 묵상을 위한 질문

- 화자가 처해 있는 상황은 어떠하며, 무엇을 기대하고 있는가?
- 내가 속한 공동체(가정과 교회, 민족 등)를 위해 오늘 중보기도할 내용은 무엇인가?
- 내 주위의 사람 중 교만한 자에게 멸시당하고 있는 사람은 누구인가? 그들을 위해 나는 무엇을 할 수 있는가?

# PSALM 125

**시편 125편**

## 시온 산과 주변의 산들

—

1 여호와를 의지하는 자는 시온 산이 흔들리지 아니하고 영원히 있음 같도다.
2 산들이 예루살렘을 두름과 같이 여호와께서 그의 백성을 지금부터 영원까지 두르시리로다.
3 악인의 규가 의인들의 땅에서는 그 권세를 누리지 못하리니 이는 의인들로 하여금 죄악에 손을 대지 아니하게 함이로다.
4 여호와여 선한 자들과 마음이 정직한 자들에게 선대하소서.
5 자기의 굽은 길로 치우치는 자들은 여호와께서 죄를 범하는 자들과 함께 다니게 하시리로다. 이스라엘에게는 평강이 있을지어다.

팔레스타인의 대부분은 산악지역이다. 산은 이스라엘의 역사에서 중요한 역할을 해왔다. 예루살렘으로 향하는 순례자들은 자연스럽게 산과 관련한 노래를 불렀다(참조. 시 121:1).

두 개의 산 은유가 결합되어 있다. 첫째, 신자들은 꿈쩍없이 서 있는 시온 산과 같다. 둘째, 신자들은 산으로 둘러싸인 예루살렘과 같다. 신자들은

여호와의 보호로 둘러싸인 존재이기 때문이다. 하나님의 백성은 산으로 둘러싸인, 흔들 수 없는 난공불락의 산과 같다(1-2절).

이제는 이 은유를 적용한다. 하나님은 "의인들로 하여금 죄악에 손을 대지 아니하"도록 '악인의 규'를 허용치 않으신다(3절). 이 말은 페르시아가 점령한 사마리아가 하나님께서 '의인들의 땅'으로 주신 곳을 다스리려고 꾸민 음모를 말하고 있는지도 모른다. 시인은 하나님께서 "선한 자들과 마음이 정직한 자들에게 선대"하시고 행악자들을 물리치시기를 확신을 가지고 기도한다(4-5절).

### 묵상을 위한 질문

- 1절을 다시 읽어보자. 어떤 느낌이 드는가? 여호와를 의지하는 것 외에 마음을 다스리는 더 견고하고 영원한 방법이 없음을 인정하는가?
- 여호와를 의지하는 자와 죄인을 어떻게 구분하는가? 당신은 끝끝내 자신의 굽은 길로 치우치려 하는 자인가, 선하고 정직한 마음으로 하나님 앞에 서는 자인가?

| 여리고 인근 시험산 측면에 위태하게 자리한 그리스 정교회 수도원
전승에 따르면 예수님께서 이곳에서 사탄에게 시험을 받으셨다고 한다.

# PSALM 127

**시편 127편**
축복받지 못한 노동은 헛되다
—

1 여호와께서 집을 세우지 아니하시면 세우는 자의 수고가 헛되며 여호와께서 성을 지키지 아니하시면 파수꾼의 깨어 있음이 헛되도다.

2 너희가 일찍이 일어나고 늦게 누우며 수고의 떡을 먹음이 헛되도다. 그러므로 여호와
께서 그의 사랑하시는 자에게는 잠을 주시는도다.

3 보라 자식들은 여호와의 기업이요 태의 열매는 그의 상급이로다.

4 젊은 자의 자식은 장사의 수중의 화살 같으니

5 이것이 그의 화살통에 가득한 자는 복되도다. 그들이 성문에서 그들의 원수와 담판할
때에 수치를 당하지 아니하리로다.

옛것을 지키기 위해 새로운 모험이나 시도를 한다는 것은, 여호와께서 노력을 인정하지 않으시는 한 쓸데없는 짓이다(1절). 여호와께서 건축하지 않으시면 집 짓는 자들의 노동은 헛되고, 여호와께서 지켜봐주지 않으시면

정통파 랍비를 따라 예루살렘 서쪽 성벽 앞 광장을 줄지어 건너는 유대인 아이들

보초들의 경계근무는 수포로 돌아간다(1절). 우리는 일찍 일어나서 늦게 잠자리에 들면서까지 고생하고 과로한다. 그러나 하나님은 항상 "그의 사랑하시는 자에게는 잠을 주"신다(2절). 물론 이 말씀은 근면을 부정하는 것이 아니다. 마태복음 6장 25-34절에서 주님께서 신중하고 사려 깊은 생각을 하지 말라 하신 것이 아님과 마찬가지다. 이 말씀은, 한편으로는 염려를 경계하고, 다른 한편으로는 자신만만한 움직임을 경계하라는 의미이다. 염려와 자신만만함은 둘 다 불신의 증상이다.

자녀들은 하나님이 주신 가장 소중한 선물 중 하나인 '여호와의 기업'(3절)으로 여겨야 한다. "젊은 자의 자식은 장사의 수중의 화살 같"다(4절). 장사 아버지가 늙으면 자식들이 나이 들어 아버지를 지키고 보호할 수 있기 때문이다. "이것이 그의 화살통에 가득한 자"(5절)는, 상업적인 거래와 소송이 벌어지는 장소인 '성문'에서 어떤 쟁론이 벌어져도 자기 몫을 지킬 수 있을 것이다.

### 묵상을 위한 질문

- "일찍이 일어나고 늦게 누우며 수고의 떡을 먹음이 헛되"다는 시인의 말이 어떻게 들리는가? 나의 노동은 하나님께서 기뻐하시는 노동인가?
- 자녀를 낳아 기르는 일이 하나의 헛된 수고로 전락하지 않도록 하기 위해 오늘 나에겐 어떠한 태도의 전환과 행동이 필요한가?

# PSALM 130
**시편 130편**
## 내가 깊은 곳에서

―

1 여호와여 내가 깊은 곳에서 주께 부르짖었나이다.

2 주여 내 소리를 들으시며 나의 부르짖는 소리에 귀를 기울이소서.

3 여호와여 주께서 죄악을 지켜보실진대 주여 누가 서리이까.

4 그러나 사유하심이 주께 있음은 주를 경외하게 하심이니이다.

5 나 곧 내 영혼은 여호와를 기다리며 나는 주의 말씀을 바라는도다.

6 파수꾼이 아침을 기다림보다 내 영혼이 주를 더 기다리나니 참으로 파수꾼이 아침을 기다림보다 더하도다.

7 이스라엘아 여호와를 바랄지어다. 여호와께서는 인자하심과 풍성한 속량이 있음이라.

8 그가 이스라엘을 그의 모든 죄악에서 속량하시리로다.

시인은 용서받았던 자신의 경험을 통해, 구속하시는 하나님을 신뢰하라고 이스라엘을 향해 외친다.

시인은 자신이 깊은 물속에서 허우적거리고 있다고 말하고, '깊은 곳에서' 하나님께 구해달라고 외친다(1-2절). 이 깊은 물은 죄책, 하나님의 심판, 시인이 속한 민족이 지은 죄의 이미지일 수 있다(비교. 느 1:4-7). 만약 하나님이 죄악을 지켜보시고 자신을 추궁하신다면, 그 누가 서서 견딜 수 있겠는가(3절). 그는 재빨리 "그러나 사유하심이 주께 있음"(4절)을 덧붙인다.

루터는 노력 없이 은혜로 주어지는 용서를 이야기하는 이 참회의 노래를 '바울적인 시편들' 중 하나라고 별명 붙였다. 4절은 《천로역정 *Pilgrim's Progress*》을 지은 존 버니언이 죄 때문에 괴로워할 때 위로를 준 성구 중 하나다. 이 구절은 아름다운 균형을 보여준다. 앞부분은 괴로워하는 자에게 확신을, 뒷부분은 젠체하는 자들에게 경고를 주기 때문이다. 하나님이 제공하는 용서는 죄인이 죄에 머물러 있도록 놔두지 않고, 여호와를 경외하고 그분 임재 앞에서 근신하게 한다. 사람은 이런 마음으로 죄악에서 떠나는 것이다(비교. 잠 16:6).

이제 시인은 죄인을 용서하는 자비를 베푸시는 하나님을 강하게 의식하면서 두 가지 일을 한다. 첫째, 자비를 베푸시는 하나님을 신뢰하기로 한 결심을 다시 확인한다. 그의 믿음의 토대에는 하나님의 약속이 깔려 있다(5절). 따라서 확신에 찬 그의 "영혼이 주를 더 기다"린다(6절). 그는 죄책감으로 어둠에 사로잡혔지만, 용서하시는 하나님의 은혜가 가져오는 새벽을 목을 빼고 기다리는 것이다. 둘째, 시인은 이스라엘에게 자기처럼 하라고 촉구한다. 하나님의 용서를 확신(4절)하기 때문에 이스라엘의 죄에도 불구하고 하나님의 '인자하심'(7절)은 한결같으리라고 든든히 믿는다.

사마리아 인근 요르단 강 서안 지구의 어느 들판에 세워진 돌 망대
추수할 때가 되면 농부들은 이곳에 머물면서 농작물을 도난당하지 않도록 지키곤 했다.

**묵상을 위한 질문**

- 1절의 '깊은 곳'이 의미하는 바는 어떤 것인지, 나의 언어로 표현해보자(느헤미야 1장 4-7절 말씀을 참고해도 좋다). 그곳에서 하나님께 부르짖는 절박한 마음을 경험해본 적이 있는가?
- 시편 기자는 자신의 통회하는 마음을 부르짖고 회복을 하나님께 절실히 요청하지만, 그것을 전적으로 판단하고 이루어주시는 분은 하나님이라 고백한다. 고난 가운데에서 마음이 따라가지 못하는데, 입술로라도 고백하는 것이 옳은 방법인지 생각해보라. 결과는 하나님의 뜻이라 확신하는가?

# PSALM 131
### 시편 131편
## 아이와 같은 겸손

1 여호와여 내 마음이 교만하지 아니하고 내 눈이 오만하지 아니하오며 내가 큰일과 감당하지 못할 놀라운 일을 하려고 힘쓰지 아니하나이다.
2 실로 내가 내 영혼으로 고요하고 평온하게 하기를 젖 뗀 아이가 그의 어머니 품에 있음 같게 하였나니 내 영혼이 젖 뗀 아이와 같도다.
3 이스라엘아 지금부터 영원까지 여호와를 바랄지어다.

어린아이가 엄마에게 만족스럽게 의존하는 모습을 그린 시어들은 어린아이와 같은 겸손을 줄기차게 요구하시는 우리 주님의 가르침을 미리 보게 한다.

시인은 그의 존재가 아닌 것과 그의 존재를 대조시킨다. 그는 마음으로도 눈길로도 불손하지 않다고 말한다. 그는 '큰일'과 "감당하지 못할 놀라운 일"에 연연하지 않는다(1절). 특권과 권세를 향한 교만한 야심을 버렸다는 말이다. 이것이 시인 자신이든 포로에서 돌아온 이스라엘이든, 아니면 여전히 외세가 지운 멍에를 매고 헉헉거리고 있는 때든 문제가 안 된다. 그

| 여호와여 내 마음이 교만하지 아니하고 내 눈이 오만하지 아니하오며 (시 131:1).

는 젖을 빨려고 보채지 않고, 엄마의 품에 있는 것만으로도 만족하는 "젖 뗀 아이"처럼 군다(2절). 따라서 그림처럼 묘사된 이 시편은 한 사람(혹은 민족)이 거만한 야심을 버리고 하나님 안에서 완전히 만족한 모습을 보여준다. 겸손한 신앙뿐 아니라 하나님의 '모성애'로 불릴 만한 모습을 보여주는 아름다운 그림이다.

시편 130편에서처럼, 시인은 자기가 배운 교훈을 적시하고 이스라엘에게도 그것을 배우라고 강권한다. "이스라엘아 지금부터 영원까지 여호와를 바랄지어다"(3절).


### 묵상을 위한 질문

- 1절에서 이야기하는 시인의 태도가 너무 소극적이라고 여겨지지는 않는가?
- 야망과 비전은 어떻게 구분할 수 있을까? 나를 오늘 바빠 움직이게 하는 것은 욕심인가, 비전인가, 생존의 필요인가?
- 이 시에서 묘사하는 욕심 없이 평온한 상태를 오늘 우리의 현실과 비교해보자. 나는 하나님 품에 있는 것으로 충분하고도 온전하게 만족하는가?

# PSALM 133

**시편 133편**
형제의 하나됨

—

1 보라 형제가 연합하여 동거함이 어찌 그리 선하고 아름다운고.
2 머리에 있는 보배로운 기름이 수염 곧 아론의 수염에 흘러서 그의 옷깃까지 내림 같고
3 헐몬의 이슬이 시온의 산들에 내림 같도다. 거기서 여호와께서 복을 명령하셨나니 곧 영생이로다.

하나님 백성의 연합은 언제나 하나님의 뜻이며 동시에 백성의 바람이었다. 이 시편이 포로생활 후기의 것이라면, 예루살렘에서 예배하기 위해 함께 가는 순례자들의 즐거움과 연대를 표현했다고 볼 수 있다. 예루살렘에서의 예배는 두 동강 난 왕조의 단절을 치유하는 계기였다.

하나님의 언약 백성은 이미 '형제'이다. 그러나 그들의 혈통적 관계에 더하여 '연합하여 동거'한다면 보다 '선하고 아름다'울 것이다(1절). 이 연합의 달콤함이 이제 그림처럼 펼쳐진다. '아론의 수염'(2절)에서 흘러내려(기름을 머리에 부었다) 옷깃까지 내려오는 성유聖油는 '헐몬의 이슬'(3절)과 비슷하다.

하나님 백성의 연합이 왜 '아론의 성유'와 '헐몬의 이슬'인지는 모른다. 어떤 주석가들은 이 두 가지 모두가 하늘에서 내려오는 것이고, 진정한 형제적 합의에 심대한 영향을 미치고, 몸 전체의 성화聖化를 의미한다고 강조한다. 동시에 향유가 늘 쓰였고 이슬은 팔레스타인의 건조한 땅을 비옥하게 만드는 대단히 중요한 요소였으므로, 이 유비들은 예루살렘에서 연합이 이슬처럼 신선하고 기름처럼 향기롭다는 점을 가르치기 위한 것으로 보인다. "여호와께서 복을 명령하셨나니 곧 영생"(3절)을 주시는 곳은 바로 예루살렘이다.

**묵상을 위한 질문**

- 이 시편에서는 예배하러 가는 길에 순례자가 느끼는 연합의 아름다움을 노래하고 있다. 내가 상상하는 아름다운 연합은 어떤 것인가?
- 내가 속한 공동체, 한국교회의 연합을 위해서 기도하고 내가 할 수 있는 일을 생각해보자.

# PSALM 139

**시편 139편**
모든 것을 꿰뚫어 보시는 하나님의 눈

—

1 여호와여 주께서 나를 살펴보셨으므로 나를 아시나이다.

2 주께서 내가 앉고 일어섬을 아시고 멀리서도 나의 생각을 밝히 아시오며

3 나의 모든 길과 내가 눕는 것을 살펴보셨으므로 나의 모든 행위를 익히 아시오니

4 여호와여 내 혀의 말을 알지 못하시는 것이 하나도 없으시니이다.

5 주께서 나의 앞뒤를 둘러싸시고 내게 안수하셨나이다.

6 이 지식이 내게 너무 기이하니 높아서 내가 능히 미치지 못하나이다.

7 내가 주의 영을 떠나 어디로 가며 주의 앞에서 어디로 피하리이까.

8 내가 하늘에 올라갈지라도 거기 계시며 스올에 내 자리를 펼지라도 거기 계시니이다.

9 내가 새벽 날개를 치며 바다 끝에 가서 거주할지라도

10 거기서도 주의 손이 나를 인도하시며 주의 오른손이 나를 붙드시리이다.

11 내가 혹시 말하기를 흑암이 반드시 나를 덮고 나를 두른 빛은 밤이 되리라 할지라도

12 주에게서는 흑암이 숨기지 못하며 밤이 낮과 같이 비추이나니 주에게는 흑암과 빛이 같음이니이다.

13 주께서 내 내장을 지으시며 나의 모태에서 나를 만드셨나이다.

14 내가 주께 감사하옴은 나를 지으심이 심히 기묘하심이라 주께서 하시는 일이 기이함을 내 영혼이 잘 아나이다.

15 내가 은밀한 데서 지음을 받고 땅의 깊은 곳에서 기이하게 지음을 받은 때에 나의 형체가 주의 앞에 숨겨지지 못하였나이다.

16 내 형질이 이루어지기 전에 주의 눈이 보셨으며 나를 위하여 정한 날이 하루도 되기 전에 주의 책에 다 기록이 되었나이다.

17 하나님이여 주의 생각이 내게 어찌 그리 보배로우신지요. 그 수가 어찌 그리 많은지요.

18 내가 세려고 할지라도 그 수가 모래보다 많도소이다. 내가 깰 때에도 여전히 주와 함께 있나이다.

19 하나님이여 주께서 반드시 악인을 죽이시리이다. 피 흘리기를 즐기는 자들아 나를 떠날지어다.

20 그들이 주를 대하여 악하게 말하며 주의 원수들이 주의 이름으로 헛되이 맹세하나이다.

21 여호와여 내가 주를 미워하는 자들을 미워하지 아니하오며 주를 치러 일어나는 자들을 미워하지 아니하나이까.

22 내가 그들을 심히 미워하니 그들은 나의 원수들이니이다.

23 하나님이여 나를 살피사 내 마음을 아시며 나를 시험하사 내 뜻을 아옵소서.

24 내게 무슨 악한 행위가 있나 보시고 나를 영원한 길로 인도하소서.

이 시편은 '모든 시편의 왕관'이라 불린다. 한 사람이 하나님의 우주적인 지식과 임재를 인격적으로 인식하고, 이에 관해 숭고하게 해설한 것이 이 시의 내용이다. 6절에서 11절은 하나님으로부터 피할 수 없음을 말하고 있어 널리 알려져 있다.

### 하나님의 전지하심 (1-6절)

시인은 인간을 속속들이 아시는 하나님을 다양한 동사로 묘사한다. 하나님은 나를 '살펴보셨'고 '아시고', '밝히 아시오며', 나의 모든 행위를 '익히 아'신다(1-3절). 하나님의 지식은 우리의 사고, 행위 그리고 언어에까지 미친다. 첫째, 하나님은 '멀리서도'(2절) 우리의 생각을 아신다. "공간도 시간도 하나님을 위해서 존재하는 것은 아니다"(페론 주교). 인간의 모든 생각은 그분 앞에 전부 노출되어 있다. 다음으로, 하나님은 낮의 움직임과 밤의 쉼을 포함하여 '나의 모든 길'을 알고 계신다(2-3절). 셋째로 하나님은 말하기도 전에 우리 입술의 말을 아신다(4절).

5절에서 시인은 다음 문단의 주제를 예고하고, 하나님께서 시인을 아시는 것은 바로 그의 '앞뒤를 둘러싸시'면서 하나님이 지속적으로 임재하시기 때문이라고 말한다. 시인은 자신을 포위된 성으로 묘사한다. 우리를 감싸 안는 하나님의 임재는 두려움이 아닌 경이로움이요, 우리가 "능히 미치지 못하"는 놀라운 그분의 지식은 찬양을 불러일으킨다(6절).

## 하나님의 무소부재하심 (7-12절)

이 부분은 질문으로 시작한다. "내가 주의 영을 떠나 어디로 가며"(7절). 이 질문은 탈출을 꿈꾸는 것이 아니라, 그를 붙들어 어디로든 인도하시는 하나님의 손에 대한 기쁨에 찬 놀라움의 표현이다(10절). 하나님으로부터 벗어나는 것이 불가능하다는 사실을 강조하기 위해, 사용 가능한 탈출로 또는 숨을 장소 세 곳을 언급한 후, 그곳에조차 하나님이 계신다고 선언한다. 따라서 하늘로 올라가든 죽은 자들의 거처인 스올로 내려가든, 하나님은 거기에 계신다(8절). 시인이 빛의 속도로 이동하여 "내가 새벽 날개를 치며 바다 끝에 가서 거주할지라도"(9절) 그는 하나님을 발견하게 될 것이다. 동쪽 끝에서 서쪽 끝까지의 거리도 그를 하나님으로부터 떼어놓을 수 없다(9-10절). 시인이 하나님을 피해 어둠 속에 숨으려고 해도, 어스름을 뚫어보시는 하나님의 눈을 발견하게 될 것이다. 하나님께는 "흑암과 빛이 같"기(11-12절) 때문이다.

## 하나님의 전능하심 (13-18절)

하나님의 무소부재하심과 함께 다룬 전지하심이 이제 전능으로 이어진다. 하나님은 사람을 아시고 또한 지으셨기에 사람을 찾아낼 수 있다. 창조주는 자기의 피조물을 속속들이 아신다. 시인은 태아가 형성되는 신기한 과정이 하나님의 창조하시는 권능이라고 말한다. '내장'(13절)과 '형체'(15

절)도 다 하나님의 작품이다. 이 둘이 합쳐져서 인간 존재, 몸과 마음, 정서와 의지를 이룬다. "심히 기묘하심이라 fearfully and wonderfully made"(14절)라는 표현은 마일스 커버데일 Miles Coverdale의 번역인데, 부정확할 수도 있다. 다른 현대 역본들은 이 구절을 "주 하나님은 두렵고 놀라우시다"라고 옮긴다. 이 놀라운 창조주 하나님은 시인을 빚고 계시지만 당연히 "형질이 이루어지기 전"(16절)의 그를 보셨다. 이뿐 아니라, 그가 태어나기도 전에 생애 모든 날들이 계획되고 하나님의 책에 기록되었다(15-16절). 시인은 이러한 하나님의 지식과 예지 때문에 열정적인 찬양을 돌린다. 시인이 '어찌 그리 보배로우신지요', '많은지요'라고 말하는 하나님의 생각은 그 수가 '모래보다' 많다(17-18절).

시인은 이중적인 진술로 문단을 마친다. "내가 깰 때에도 여전히 주와 함께 있나이다"(18절). 어떤 주석가들은 처음 두 구절과 마찬가지로 시인이 깬 잠을 자든 자신과 늘 함께하시는 하나님의 임재를 말하고 있다고 여긴다. 또 다른 주석가들은 그가 죽음의 잠에서 깨어나는 일을 언급했다고 생각한다.

## 하나님의 심판 (19-24절)

"하나님이여 주께서 반드시 악인을 죽이시리이다"(19절). 많은 신자들에게 이 급작스러운 기도는 앞에서 언급한 것과 들어맞지 않고 삐걱거리는 느낌이다. 그러나 이 구절은 문단에 아주 잘 들어맞는다. 우리의 세계가 하나님으로 충만할 때, 우리는 악의 제거를 갈망하게 된다. 행악자들은 "피 흘리기를 즐기는 자"(19절), 아무 때나 그분의 이름을 들먹이거나 권위에 맞서서 자기를 높이는 자 등 하나님의 이름을 망령되게 하는 자들이다(20절). 그들은 하나님을 사랑하고 이웃을 사랑하라는 두 계명에 맞서 반역하고, 피 흘리기(폭력, 살인)와 신성모독을 그치지 않는다.

그러므로 주의해야 할 첫 번째 요점은, 시인이 개인적 적대감 혹은 복수심을 드러내는 것이 아니라는 점이다. 그는 '주의 원수'(20절)를 '나의 원수'(22절)로 여긴다. 그는 우리가 부당하게 용인하고 있는 그 지점에서 정당하게 분노하고 있다. 그는 죄를 향한 거룩한 증오에 불타고 있는 것이다.

그러나 시인이 악과 행악자를 구별하지 못하고 있다는 점을 지적할 수 수 있다. 그는(그리고 우리는) 죄는 미워하지만 죄인은 사랑하라고 배우지 않았는가? 물론 이 말에는 일리가 있지만, 과도한 말일 수 있다. 왜냐하면 '악'은 추상적인 개념이 아니기 때문이다. 악은 행악자들의 마음과 행동 양식에 존재한다. 그래서 하나님의 심판은 추상적 개념의 악이 아닌 행악자들에게 떨어질 것이다.

그러나 반대하는 사람은 이렇게 물을 수도 있다. 희망이 남아 있는 한 우리는 죄인의 심판이 아닌 구원을 바라야 하지 않겠는가? 그렇다, 맞는 말이다. 그러나 죄인이 돌이키기를 거부하면 어떻게 되는가? 그들이 자신의 의지로 구원을 받아들이지 않겠다고 거절하는 이상 그들이 구원받기를 원할 수 없다. 이것이 문제의 핵심이다. 성경은 죄인이 하나님의 사랑인 동시에 진노의 대상이라고 가르친다(비교. 요 3:16, 36). 죄인들이 회개한다면 우리는 그들의 구원을 진지하게 갈구해야 한다. 그러나 구원을 거절한다면 그들의

(사실은 우리의) 괴멸을 똑같이 진실하게 갈구해야 한다. 개인적 원한이라고는 조금도 없이 순전하신 하나님 안에서 저러한 정서를 느끼기란 불가능하지는 않더라도 어렵기 때문에, 우리는 쉽게 시인의 말들을 흉내 낼 수 없다. 그러나 우리는 그 이유는 인정해야겠다. 그것은 우리가 진정으로 정의로운 분노가 무엇인지 거의 모르기 때문이다.

### 묵상을 위한 질문

- 시인은 하나님이 우리의 모든 행위를 '밝히 아신다'고 반복해서 노래하는데, 이러한 사실은 우리로 하여금 두려움과 동시에 안정감을 준다. 이것이 하나님에 대한 경외와 찬양으로 이어지는가?
- 하늘과 스올, 바다 끝으로 도망하고자 하는 마음은 어떠할 때 드는가?
- 19-24절에서 분위기가 급반전한다. 악과 행악자에 대한 시편 기자의 입장에 공감되는 부분과 그렇지 않은 부분에 대해 생각해보자.

# PSALM 145

**시편 145편**

## 하나님의 나라를 드높임

—

1 왕이신 나의 하나님이여 내가 주를 높이고 영원히 주의 이름을 송축하리이다.

2 내가 날마다 주를 송축하며 영원히 주의 이름을 송축하리이다.

3 여호와는 위대하시니 크게 찬양할 것이라 그의 위대하심을 측량하지 못하리로다.

4 대대로 주께서 행하시는 일을 크게 찬양하며 주의 능한 일을 선포하리로다.

5 주의 존귀하고 영광스러운 위엄과 주의 기이한 일들을 나는 작은 소리로 읊조리리이다.

6 사람들은 주의 두려운 일의 권능을 말할 것이요 나도 주의 위대하심을 선포하리이다.

7 그들이 주의 크신 은혜를 기념하여 말하며 주의 의를 노래하리이다.

8 여호와는 은혜로우시며 긍휼이 많으시며 노하기를 더디 하시며 인자하심이 크시도다.

9 여호와께서는 모든 것을 선대하시며 그 지으신 모든 것에 긍휼을 베푸시는도다.

10 여호와여 주께서 지으신 모든 것들이 주께 감사하며 주의 성도들이 주를 송축하리이다.

11 그들이 주의 나라의 영광을 말하며 주의 업적을 일러서

12 주의 업적과 주의 나라의 위엄 있는 영광을 인생들에게 알게 하리이다.

13 주의 나라는 영원한 나라이니 주의 통치는 대대에 이르리이다.

14 여호와께서는 모든 넘어지는 자들을 붙드시며 비굴한 자들을 일으키시는도다.

15 모든 사람의 눈이 주를 앙망하오니 주는 때를 따라 그들에게 먹을 것을 주시며

16 손을 펴사 모든 생물의 소원을 만족하게 하시나이다.

17 여호와께서는 그 모든 행위에 의로우시며 그 모든 일에 은혜로우시도다.

**엔게디에서 내려다본 사해**
왕이신 나의 하나님이여 내가 주를 높이고 영원히 주의 이름을 송축하리이다 ( 시 145:1 ).

18 여호와께서는 자기에게 간구하는 모든 자 곧 진실하게 간구하는 모든 자에게 가까이 하시는도다.

19 그는 자기를 경외하는 자들의 소원을 이루시며 또 그들의 부르짖음을 들으사 구원하시리로다.

20 여호와께서 자기를 사랑하는 자들은 다 보호하시고 악인들은 다 멸하시리로다.

21 내 입이 여호와의 영예를 말하며 모든 육체가 그의 거룩하신 이름을 영원히 송축할지로다.

하나님의 '왕국'은 일반적인 우주이건 특별한 그분의 백성이건 하나님의 통치를 말한다. 시편 145편은 바로 하나님의 통치를 즐거워하는 내용이다. 이 시편은 시의 각 행이 히브리어 알파벳 순서로 짜여 있다. 주제는 통치하시는 여호와의 영광과 은혜로움이다. 그분이 백성에게서 받으셔야 할 찬양은 영원하고 타당하다.

### 영원한 찬양 (1-7절)

이 시편은 '날마다'(2절)뿐 아니라 '영원히'(1-2절) 하나님을 높이고 송축하리라는 시인의 결심으로 시작한다. 여호와는 광대하시기에 '크게 찬양'(3절) 받으실 만하다. 그의 위대하심은 측량하지 못하므로, 끊이지 않고 찬양받으셔야 한다. 그러나 어떤 사람도 이 땅에서 하나님을 영원히 찬양할 수는 없다. 그래서 시인은 이스라엘의 대표로서 말하고 미래 세대를 언급하는 듯하다. 이스라엘과 미래의 세대는 하나님이 하신 일을 그다음 세대에 선포함으로써 항구히 찬양할 것이다(4절). 그들은 '주의 기이한 일들', '주의 두려운 일의 권능', '주의 크신 은혜'(5-7절)에 사로잡힐 것이다.

### 보편적인 찬양 (8-13절)

하나님은 우주를 다스리는 분이시므로 찬양을 받아 마땅하다. 지으신 "모든 것에 긍휼을 베푸시"기(9절) 때문이다. 인간이 하나님께 돌리는 영광은 하나님이 인간에게 베푸신 은혜에 대한 반응이다. 하나님은 은혜로운 분이시기에 은혜를 베푸신다. 예배의 궁극적인 영원성과 보편성은 하나님의 은혜로운 성품에서 나온다.

8절은 출애굽기 34장 6절에서 모세에게 주신, 그리고 시편 103편 8절에서 이미 인용한 여호와의 자기 계시를 메아리로 들려준다. 하나님의 은혜롭고 자비로운 성품은 인간에게 베푸시는 보편적인 선하심에 나타난다(9절). 그래서 찬양은 보편성을 띤다. 인간은 주의 영광, 권능 그리고 그 왕국의 영원함을 노래한다(11-13절). 여기의 시어들은 주께서 가르치신 기도의 마지막 대목을 송영으로 듣는 듯하다. "나라와 권세와 영광이 아버지께 영원히 있사옵나이다. 아멘"(마 6:13).

## 타당한 찬양(14-21절)

영원토록 사람이 하나님께 올리는 찬양은 지성이 동반하는 예배, 혹은 주 예수께서 하신 말씀대로 "영과 진리로 드리는 예배"(요 4:24)여야 한다. 하나님이 받으시는 유일한 예배는 그분을 드러낸 계시에 지적으로 반응하는 예배이다. 그분의 '이름'(1-2, 21절), 그분의 말씀과 하시는 일들에 나타난 그분의 영원하신 존재에 드리는 예배이다.

시인은 하나님의 은혜로운 일들의 구체적인 사례를 열거한다. 사례들은 그분의 통치가 강력하고 모호하지 않음을 나타낸다. 하나님의 왕국은 도움을 베푸는 나라이고, 그분의 보좌는 은혜의 보좌이다. 하나님이 궁핍한 처지에 있는 자기 백성에게 얼마나 자신을 낮추어 도우시는지 보라. 하나님은 넘어진 자를 붙잡고, "비굴한 자들을 일으키"신다(14절). 그분은 배고픈 자들을 먹이시고 "모든 생물의 소원을"(15-16절) 만족시킨다. 그분을 부르는 자들에게 가까이 오신다. 그들의 기도를 듣고 응답하신다(18-19절). 그분은 자신을 사랑하는 자들은 보호하지만, 악한 자들은 멸하신다(20절).

19절과 20절에서 하나님의 백성은 그분을 '경외'하고 '사랑'하는 자들이라고 한 점에 주목해야 한다. 어떤 작가는 "경외와 사랑은 종교에서 떼어놓을 수 없는 두 가지 요소이다. 경외는 사랑이 건방진 익숙함으로 전락하는 것을 막고, 사랑은 경외가 굽실거리고 움칠하는 두려움으로 변질되는 것을 막는다"라고 논평했다. 마지막 구절은 시편에서 정교하게 다듬어진 여호와 예배의 세 가지 특징을 요약하는 것 같다. 그것은 영원함('영원히 송축할지로다'), 보편성('모든 육체가') 그리고 타당함('그의 거룩하신 이름')이다(21절).

**묵상을 위한 질문**

- 1-2절과 우리 인생의 의미를 연결하여 묵상해보자.
- '모든 것을 선대하시며' '모든 것에 긍휼을 베푸시는'(9절) 하나님의 성품은 우리의 어떤 부문을 교정하게 하는가?
- 19-20절은 하나님의 백성을 어떻게 설명하고 있으며, 나는 하나님의 백성으로 살고 있는지 묵상해보자.

# PSALM 150
**시편 150편**
마지막 송영

—

1 할렐루야 그의 성소에서 하나님을 찬양하며 그의 권능의 궁창에서 그를 찬양할지어다.

2 그의 능하신 행동을 찬양하며 그의 지극히 위대하심을 따라 찬양할지어다.

3 나팔 소리로 찬양하며 비파와 수금으로 찬양할지어다.

4 소고 치며 춤추어 찬양하며 현악과 통소로 찬양할지어다.

5 큰 소리 나는 제금으로 찬양하며 높은 소리 나는 제금으로 찬양할지어다.

6 호흡이 있는 자마다 여호와를 찬양할지어다. 할렐루야.

이 시가서의 송영은 결론으로 알맞다. 하나님을 예배하라는 부름은 비할 데 없이 장엄하다. 할렐루야 시편(113-118편) 및 직전의 네 편의 시(146-149편)와 똑같이 '할렐루야' 또는 "여호와를 찬양하라"로 시작하고 또 마친다. 더 나아가서 각 절마다 찬양으로 초대하는데, 어디에서, 왜, 어떻게, 누가 하나님을 찬양해야 하는지 말해준다.

## 어디에서, 왜 (1-2절)

"그의 성소에서 하나님을 찬양하며"(1절). 이어서 나오는 악기들의 목록은 성전 예배와 관련이 있다. 또한 하나님은 "그의 권능의 궁창"(1절)에서도 찬양을 받으신다. 이 구절은 인간과 천사 모두에게 하나님을 예배하자고 부르는 초대이다. 인간은 땅의 성소에서, 천사는 하늘에서 예배한다. 이는 하나님을 예배함이, 지상의 교회와 '천사와 천군들 그리고 하늘의 모든 기업들'이 연합하여 드리는 통일된 행위임을 알게 해준다. 하나님이 찬양받으셔야 하는 이유는 그분이 하신 일들과 그분의 본성, 즉 그분의 행동과 존재(2절)에서 발견된다. 그분의 '능하신 행동'이 구체적으로 무엇인지는 밝혀지지 않았지만, 창조, 보존, 섭리, 그리고 구속의 일들이 포함될 것이다. 그분이 하신 일들에 나타난 하나님의 위대하심이 예배의 영구한 주제이다.

## 어떻게, 누가 (3-6절)

여호와를 예배하는 일에 관악기, 현악기, 타악기 등 알려진 모든 악기가 동원된다(비교. 시 81:1-3). 첫 번째는 '나팔', 즉, 고대에 사용된 휘어진 양의 뿔을 말한다. 어떤 성경연구가는 "이 악기는 오늘날에도 회당에서 사용하는 유일한 악기이다. 능숙한 연주자는 이것으로 놀랄 만큼 큰소리를 낼 수 있다"고 말한다. 3절에서 언급되는 두 악기 '비파'와 '수금'은 현악기이다. 그다음은 '소고'와 '춤' 그리고 '현악'과 '퉁소'이다(4절). 퉁소는 아마 목동

**뿔나팔(쇼퍼)을 손에 든 유대인 종교 지도자**
고대 이스라엘에서는 양의 뿔로 만든 이 나팔을 불어 군대를 소집하거나 종교적인 회합에 사람들을 불러모았다.

들이 들고 다니는 소박한 피리였을 것이다. 5절은 두 가지 심벌즈를 말한다. 첫 번째 것은 아마 캐스터네츠만큼이나 작았을 것이고, 두 번째 악기는 더 커서 굉장히 큰 소리가 났을 것이다.

악단이 구성되었다. 예배자들은 나팔을 불고 수금을 뜯고, 북을 치며, 현을 쓸어내리고, 피리를 불고, 심벌즈를 부딪쳤다. C. S. 루이스는 "소음이라고 말하는 것도 무리는 아니다. 단지 음악으로는 충분하지 않다. … 심벌즈를 치자. 조화로운 음악도 좋고 시끄러운 소음도 좋다. 그리고 춤도 추자"라고 적었다. 그의 말에는 하나님께 드리는 삶의 주체할 수 없는 풍성함이 배어 있다. 그러나 아무리 아름답더라도, 그것들이 우리 마음과 지성의 기도로 나타나지 않는다면, 하나님은 악기 소리와 춤사위를 받지 않으신다. 이 시의 마지막 구절은 "호흡이 있는 자마다 여호와를 찬양"(6절)하라고 말하는데, 여기에는 짐승들도 포함하려는 의도가 담겼다. 그러나 역시 중점은 하나님이 호흡을 불어넣어 생령을 만드신(창 2:7) 우리 인간에게 있다. 그분께 드리는 경배는 교회 예배에만 한정되어서는 안 된다. 우리가 숨을 쉬는 한, 영원히 그분을 찬양해야 한다.

### 묵상을 위한 질문

- 본 시편은 각 절마다 듣는 이를 초대한다. 하나님이 찬양 받으셔야 하는 이유는 무엇인가?
- 시편을 묵상하는 동안 알게 된 하나님의 성품과 행하신 일은 무엇인가? 그동안 베푸신 은혜를 생각하며 감사의 찬양을 드리자.

옮긴이의 말

족자에 액자에 제일 많이 적힌 성구가 시편의 애송 구절들입니다. 많은 신자들의 가정에 시편의 성구 액자가 하나쯤은 걸려 있을 겁니다. 그럼에도 불구하고 시편의 구조, 주제 그리고 용도(시편은 하나님의 백성 이스라엘 사람들의 삶과 예배에서 여러 용도로 활용되었습니다)에 따라서 묵상하는 일은 드뭅니다. 시편이 설교의 본문으로 정해지는 경우도 그다지 많지 않습니다. 경건하면서도 시편의 숨결을 잘 보여주는 묵상집이 없을까 고민하다가, 이 귀한 서적이 아직 한국어로 번역되지 않았음을 알고 거의 환호를 지르며 번역하여 선보이게 되었습니다.

이제 주님의 품에 안겨 (우리로서는 상상하기 힘들지만) 주님을 생전보다 더 가까이에서 누리고 계실 엉클 존, 존 스토트가 이 책의 저자입니다. 그는 우리 곁을 떠났지만 그의 믿음과 인품은 이 책을 통해 그 어느 때보다도 낭